THING SIXTH FORM

NEWSPAPER SPANISH

The authors

Charles M. Kelley, M.A. (Glasgow), D.Phil. (Oxon.)
Montserrat Lunati, Lic. en F. y L. UAB (Barcelona)
Catrin Redknap, B.A., Ph.D. (Exeter)

All three are lecturers in Spanish in the School of European Studies, University of Wales, Cardiff.

NEWSPAPER SPANISH

A VOCABULARY OF
ADMINISTRATIVE AND
COMMERCIAL IDIOM

With English translations

Charles M. Kelley
Montserrat Lunati
Catrin Redknap

UNIVERSITY OF WALES PRESS
CARDIFF
1995

© University of Wales, 1995

British Library Cataloguing in Publication Data.
A catalogue record for this book is available from the British
Library.

ISBN 0-7083-1277-7

Cover design by Michael Reader
Printed in Great Britain by Dinefwr Press, Llandybïe

INTRODUCTION

Newspaper Spanish aims to help readers of Spanish in their understanding of current vocabulary. The glossary, as its name suggests, seeks to illustrate the language used in newspapers. The more general focus, however, is the language of the press and the media; the vocabulary and expressions found both in a range of written communication (journals, periodicals, magazines, information brochures and leaflets) and on television are represented. All the examples, collected over a period of some two years, are authentic. We have included several semi-specialized areas relating to the legal sphere, banking and finance, administration and commerce, and politics. Colloquial and slang terms or idioms which have become widely used in the media are also included.

A glossary cannot hope to fulfil the role of a dictionary, and in this respect *Newspaper Spanish* should be regarded as a companion, rather than as an alternative, to a bilingual dictionary. However, whilst it cannot hope to be an exhaustive work, the glossary does attempt to provide more detailed coverage of certain words and expressions than would a non-specialist dictionary. Following the Real Academia de la Lengua Española's restrictive criteria, conventional Spanish dictionaries very rarely include new words (technical terms, neologisms, borrowings from other languages, etc.) or accept new meanings of existing words, unless they have been consistently tested over a long period of time. Meanwhile, the media, far more daring, reflect modern Spanish usage in a more broad-minded manner. The main purpose of this book is to give the student a useful tool in bridging this gap.

Introduction

The two considerations of not seeking to duplicate the role of a dictionary and providing more detailed information on some aspects of current usage helped determine the parameters of the work. Although some degree of personal preference has dictated our final choice of entries and examples, certain considerations were borne in mind throughout the selection process.

Vocabulary deemed too specialized, and which may easily be consulted in a specialist dictionary, has been omitted. The only 'specialist' vocabulary included is that which occurs in the media so frequently as to become part of an educated reader or speaker's normal vocabulary.

The inclusion of some common words such as **camello** or **abrir**, and others, which are to be found in any good bilingual dictionary, is justified on the grounds of the new meanings attached to them by contemporary usage. Other words which might initially seem too straightforward to merit inclusion have been introduced since, in our experience, they can pose translation difficulties (e.g. **correo**, **Correos**). It should be emphasized that we have sought to translate every entry according to its register and context. It should also be remembered that only examples found in our source materials have been used.

The 'colloquial usage and slang' category is an intractable one. Through frequency of use amongst educated speakers, several colloquial words or expressions have become an accepted part of the contemporary written language. These cases have been included. Colloquial or familiar expressions which appear to be so transient as to represent nothing more than a passing trend have not been included. Admittedly, this consideration is fraught with difficulties, since very often we can do little more than speculate on the probable life-span of a particular colloquialism.

Lexical borrowings constitute another category that attracted particular attention. Borrowings whose meaning in Spanish is identical or almost identical to their meaning in their original language are not recorded, whilst those borrowings acquiring a different meaning when used in a Spanish context are noted. One further, related category comprises words (mostly nouns) with two alternative orthographic forms; these words are, again, often borrowings. The less conventional orthographic forms have been included (e.g. **carné**).

Being a Romance language, Spanish is very tolerant of morphological changes. It is relatively easy to form the feminine ending of **diputado** or **juez**, now that these professions are no longer the sole preserve of men. What is more problematic is the attitude behind the grammar issue. Journalists – and not only women journalists – who are aware of the sexual politics concerning the use of the language do not hesitate to adopt the feminine version, knowing that it is just a matter of time before these forms become widely accepted. Others, however, are less willing to do so, and continue using the masculine form when referring to women. This glossary reproduces real examples, and both approaches are duly reflected. Consequently, **juez** appears under both **cautelarmente** and **desvelar**, but **jueza** under **levantar**. Could this be a symptom of a transitional period towards a less sexist use of the Spanish language?

We have included Basque, Catalan and Galician terms since, with the arrival of democracy and the *España de las Autonomías*, and a more respectful attitude towards the other languages of Spain, they have become a daily presence in the Spanish media written in Spanish.

It should be noted that the glossary derives all its examples from the media of the Spanish mainland. This selective approach is justifiably open to criticism; considerations of space and scope alone explain the absence of examples of Latin-American usage.

The book concludes with a list of acronyms and abbreviations, which have been found in our sources. This list is not intended to be encyclopaedic.

Charles M. Kelley   Cardiff, February 1995
Monserrat Lunati
Catrin Redknap

vii

Key to symbols

< >	feminine ending
(*pl*)	plural
(*m*)	masculine noun
(*f*)	feminine noun
(*m/f*)	masculine and feminine noun (invariable)
(*n/adj*)	noun and adjective
(*m/adj*)	masculine noun and adjective
(*f/adj*)	feminine noun and adjective
(*adj*)	adjective
(*adv*)	adverb
(*m/adv*)	masculine noun and adverb
(*m/adj/adv*)	masculine noun and adjective and adverb
[se]	pronominal verb
[se]*	pronominal verb which can be used in a non-pronominal form, not necessarily with the same meaning
(*fam*)	familiar/colloquial
(*sl*)	slang
(B)	Basque word

(C)	Catalan word
(G)	Galician word
(≈)	equivalent to

Notes

1. In the interest of clarity and ease of use, the information is presented with the minimum of grammatical detail. In every instance, the headword, printed in bold, is followed by the relevant grammatical information (see *Key to symbols*). The entry, very often in inflected form, is then illustrated in a specific context, again in bold. If an idiom or expression is formed on the headword, the whole unit appears in bold. Examples are separated by a semicolon.

2. Those pronouns attached to the headword which are not considered to be an integral part of the entry do not appear in bold, e.g.

enjuiciar: proclamó su inocencia tras conocer la decisión de la Corte Suprema de **enjuiciar**le *(try)*

'se' – or any other pronoun – is shown in bold only if the verb is reflexive/reciprocal in the example, e.g.

personar [se]: un representante del partido **se personó** en el sumario *(appear)*

Likewise, prepositions do not appear in bold.

3. Past participles are entered under the infinitive form of the verb, except where they are also adjectives and nouns.

4. Translations, in italics, are provided in parentheses. In some cases only the headword is translated, whilst in other cases there is a translation of the headword within a fuller expression.

5. When two different examples with the same meaning are given, a translation is provided at the end of the second example only (see **adquisitivo, bomba de relojería, campaña de descrédito/de intoxicación, delitos de injurias/de opinión, desmadre**).

6. The oblique sign **/** is used to separate equivalent translations.

7. All the symbols before the colon describe the word in any context. All the symbols after the colon describe the word in the example given.

8. In line with current orthographic norms, we have not treated 'ch' and 'll' as separate letters.

A

abalanzar [se]*: el público **se abalanzó** sobre los guardias (*hurl oneself*); una mujer **se abalanzó** sobre el candidato (*rush up to*)

abanderado <-a> (*n/adj*): los mineros aparecían como **abanderados** de la lucha contra el comunismo (*standard bearer*)

abanderar [se]*: no se sabe quién va a **abanderar** sus intereses políticos (*champion*)

abanico (*m*): su trabajo cubre todo el **abanico** de los servicios (*range/spectrum*)

abaratar: se crean fondos de inversión inmobiliaria para **abaratar** los alquileres (*reduce the price of*)

abatir [se]*: tormentas de nieve **se abaten** sobre Rusia (*hit*); el avión italiano **fue abatido** por un misil (*shot down*); una profunda crisis económica **se abate** sobre Europa (*strike*)

Aberri Eguna (B): Euskadi celebra hoy el **Aberri Eguna** (*Basque National Day*)

abertzale (*n/adj*) (B): la izquierda **abertzale** no está dispuesta a pactar (*Basque nationalist*)

abocar [se]*: lamenta que la excesiva prudencia de antes **haya abocado** a la ONU a autorizar ahora los ataques aéreos (*lead to*); animales **abocados** al sacrificio y a la experimentación clandestina (*destined*)

abogar: **abogaba** por un sistema de economía mixta (*come out in favour of*)

abono (*m*): el **abono** de una cantidad semejante no podía pasar desapercibido (*payment*); el Ayuntamiento ha creado un nuevo **abono para la tercera edad** (*senior citizens' pass*)

abordar: los contenidos educativos deben **abordar**se desde una perspectiva interdisciplinar (*approach*)

abortar: consiguen **abortar** un nuevo intento de rebelión entre las fuerzas armadas (*scotch*)

abrigar [se]*: **abrigaban** la esperanza de conseguir al menos tres escaños en el Parlamento (*harbour*); inútilmente intentaron **abrigarse** de las bombas y muchos murieron allí mismo (*take shelter*)

1

abrir [se]*: una nueva situación política **se abre** ante ellos (*open up*); (*fam*) se matricula en una escuela de arte y una semana antes de los exámenes **se abre** (*hop it*)

absorber: las pequeñas fábricas de chocolate terminan **siendo absorbidas** por grandes multinacionales (*taken over*)

abuchear: el ministro **fue abucheado** en su visita a la ciudad (*heckled*)

abucheo (*m*): jornada de **abucheos** en el estadio (*booing*)

abusar: son infartos por sufrimiento, no por **haber abusado de la nicotina** (*smoke to excess*); **abusar de la paciencia** del electorado puede ser arriesgado (*push someone's patience to the limit*)

abusivo <-a> (*n/adj*): se teme un incremento **abusivo** del consumo de agua en la época estival (*excessive*)

abuso (*m*): el partido no ha sabido cortar los **abusos de poder** (*misuse of power*); la mujer le acusó de cometer **abusos deshonestos** con su hija (*sexual abuse*)

acampada (*f*): **acampada** gitana ante el Parlamento Europeo (*protest encampment*)

acaparar: tres compañías **acaparan** el sector de la higiene femenina con una facturación de 25.000 millones (*monopolize*)

acarrear: la desaparición de las fronteras puede **acarrear** el cierre de buena parte de las empresas españolas (*bring about*)

acceso (*m*): el tráfico en Barcelona y sus **accesos** es fluido (*approach road*); las **pruebas de acceso** a la Universidad son en julio (*entrance examination*)

accidental (*adj*): la alcaldesa **accidental** fue la encargada de leer el manifiesto (*temporary*)

accidente (*m*): los **accidentes** del terreno provocaron la explosión del vehículo (*unevenness*)

acción (*f*): primera emisión de **acciones preferentes** en el mercado español (*preference share*); reticencias en el Consejo de Seguridad demoran la **acción militar** (*military intervention*)

accionista (*m/f*): se ofrecieron nuevas condiciones a los **accionistas** (*shareholder*)

acecho (*m*): los periodistas **están al acecho** de cualquier novedad (*be on the lookout*)

achacar [se]*: el Gobierno **achaca** a los municipios los errores en el censo electoral (*blame someone for*)

achicar [se]*: el secretario del Tesoro británico opina que hay que **achicar el poder del Estado** (*curtail the power of the State*)

ácido <-a> (*m/adj*): (*sl*) el **ácido** nos proporcionaba la libertad que la sociedad nos negaba (*LSD*)

acoger [se]*: espero que si pierden las elecciones, lo **acojan** con espíritu democrático y deportivo (*take*); los países del Tercer Mundo **acogen** el 80% de los 17 millones de refugiados del planeta (*take in*)

acontecimiento (*m*): son **acontecimientos** que sólo suceden una vez en la vida (*event*); tregua bursátil a la espera de **acontecimientos** (*development*)

acopio (*m*): muchos ciudadanos **han hecho acopio** de los fármacos que dejarán de ser subvencionados (*buy in a store*)

acorazado <-a> (*m/adj*): los ladrones llegaron hasta la **cámara acorazada** y se llevaron un botín de 300 millones (*strongroom*)

acosar: la Junta Militar **acosa** a los sindicatos con medidas políticas y policiales (*put pressure on*)

acoso (*m*): se ha iniciado un duro **acoso** a la dirección de ETA (*hounding*); la Comisión Europea quiere acabar con el **acoso sexual** en el trabajo (*sexual harassment*)

acotar: las mujeres abandonan su papel tradicional y entran en el terreno que antaño **acotaron** los hombres (*regard as one's own preserve*)

acreedor <-a> (*n/adj*): se busca un acuerdo con los **acreedores** tras suspender pagos (*creditor*); el banco actúa de **acreedor hipotecario** (*guarantor/mortgagee*)

acta (*f*): en el **acta** de la reunión no se recogieron las opiniones disidentes (*minutes*)

activo <-a> (*m/adj*): el volumen de **activos** del Banco Central-Hispano ascendió a 8.829,4 millones de pesetas (*liquid assets*); otorgan a los mandos militares **en activo** preferencia absoluta sobre otros pacientes (*on active service*); los 70 kilómetros del único yacimiento **en activo** de mineral de hierro en Euskadi son ya una enorme catacumba (*working*); los partidos nacionalistas han estado muy **activos** durante toda la campaña electoral (*active*)

acto (*m*): pusieron como excusa para no asistir que se encontraban todos participando en **actos electorales** (*political rally*)

actuación (*f*): se creó una comisión para coordinar **actuaciones** que mejoren la calidad de la enseñanza (*initiative*); la intervención de 300 kilos de cocaína ha sido el resultado de la **actuación** desarrollada en estos últimos días (*operation*); el Presidente repasó su **actuación** política de los últimos meses (*performance*)

actual (*adj*): el **actual** Ministro de Cultura es un ex militante del PCE (*current*)

actualidad (*f*): en este programa vamos a tratar **temas de actualidad** (*current affairs*)

actualizar: **actualizar su libreta** es tan fácil como seguir estas instrucciones (*obtain one's bank balance*); los datos sin **actualizar** carecen de fuerza política (*bring up to date*)

acuciar: se sentía **acuciado** por las deudas (*dogged*)

acusación (*f*): las **acusaciones** de corrupción influirán en la conducta del votante (*allegation*); la **acusación** ignoró las circunstancias atenuantes presentadas por la defensa (*prosecuting council*)

acusado <-a> (*n*/*adj*): el **acusado** no pudo defenderse de los cargos que se le imputaban (*defendant*)

acusar [se]*: el partido **acusa** las tensiones provocadas por los últimos debates (*show signs of*); se **acusa** una fuerte bajada en los índices bursátiles (*registered*); **acusó recibo** de la factura pero se negó a colaborar (*acknowledge receipt*)

adecuar [se]*: ha exigido una remodelación de las áreas de control para **adecuar** el sistema a las normas (*bring into line with*)

adelanto (*m*): la situación económica no justifica un **adelanto** de las elecciones legislativas (*bringing forward*)

adepto <-a> (*n*/*adj*): el no a Europa gana **adeptos** (*supporter*)

adherir [se]*: no **se adhirió** a la propuesta del Consejo de Seguridad (*be party to*)

adhesivo <-a> (*n*/*adj*): un **adhesivo dérmico de nicotina** suministra la droga a los fumadores (*nicotine patch*)

adicto <-a> (*n*/*adj*): los jóvenes de los ochenta fueron **adictos a las marcas** (*slave to designer fashion*); fue **adicto a las drogas** durante más de diez años (*drug addict*)

adjudicación (*f*): la **adjudicación fraudulenta de la obra** a cambio de una comisión ilegal se está investigando (*fraudulent awarding of contracts*)

adjudicar [se]*: los terrenos en litigio **han sido adjudicados** a RENFE (*sold at a knockdown price*); el Alicante **se adjudicó** el trofeo al vencer al Hércules (*win*)

adjunto <-a> (*n*/*adj*): certificó que el documento **adjunto** era una copia verdadera del pasaporte original (*enclosed*)

adlátere (*m*/*f*): el jefe y sus **adláteres** han sido detenidos (*sidekick*)

Administración (*f*): los usuarios culpan a la **Administración pública** de sus males (*Civil Service*); la **Administración local** está en manos de los nacionalistas (*Local Council*); el **Consejo de Administración** decidió lo que era mejor para los intereses de la empresa (*Management*)

adolecer: los campos de refugiados **adolecen** de la falta de los servicios más indispensables (*suffer*)

adosar: chalets **adosados** a 15 km de Madrid con cuatro dormitorios y jardín privado (*semi-detached house*); ETA asesina en Barcelona a un guardia civil con una potente bomba **adosada** a su coche (*attached*)

4

adquisitivo <-a> (*adj*): ha bajado la **capacidad adquisitiva** de los salarios; grupos de becarios protestaban contra la progresiva pérdida del **poder adquisitivo** de las ayudas estatales (*purchasing power*)

aducir: los empresarios **aducen** que no pueden soportar las cargas impositivas (*allege*)

adueñar [se]: ninguna de las fuerzas políticas puede **adueñarse** del símbolo (*take possession*)

afectado <-a> (*n/adj*): científicos y **afectados** afirman que el sida no impide llevar una vida normal (*sufferer*)

afianzar [se]*: el último éxito electoral le **ha afianzado** más que nunca **en una posición** de privilegio (*consolidate one's position*)

afición (*f*): el equipo presentó sus novedades a la **afición** (*supporters*)

afiliación (*f*): en estas elecciones concurren casi un millar de candidatos **sin afiliación** (*independent*)

afincar [se]*: la violencia **se ha afincado** en este país de América Latina (*take hold*)

afluencia (*f*): los directivos de Disney argumentaron que se cumplían sus previsiones de **afluencia** (*attendance figures*)

aforado <-a> (*n/adj*): la condición de **aforado**, que es consustancial al cargo de diputado nacional, limita la comparecencia judicial de estos cargos públicos (*person enjoying ex officio privileges*)

afrontar: Bagdad **afronta** la escasez ahorcando a los especuladores (*cope with*)

agencia (*f*): un policía ingresa en prisión acusado de robar armas a una **agencia de seguridad** (*security firm*); eran propietarios de una cadena de **agencias inmobiliarias** (*estate agent*)

agente (*m/f*): el **agente** intervino para ayudar a los heridos (*policeman*); los 80 fueron la época dorada para los **agentes de bolsa** (*stockbroker*); se establecen comisiones fijas para los **agentes de seguros** (*insurance broker*); los **agentes inmobiliarios** ven reducidos sus ingresos en tiempos de recesión (*estate agent*)

agilización (*f*): para solucionar esta situación, el juez apostó por la **agilización** de la cooperación internacional (*streamlining*)

agilizar [se]*: estos funcionarios tratan de **agilizar** el proceso (*expedite*)

agobio (*m*): los paros de metro y autobús redoblan el **agobio** del tráfico madrileño (*daily grind*)

agorero <-a> (*n/adj*): se mantuvo impertérrito ante los **agoreros** vaticinios de las encuestas (*gloomy*)

agotar [se]*: el jefe del Gobierno dijo que pensaba **agotar** la legislatura (*see through*); es una edición revisada de una obra que **estuvo agotada** durante años (*be out of print*); el espíritu de iniciativa es un recurso que nunca **se agota** (*dry up*)

5

agrario <-a> (*n/adj*): una mayor **renta agraria** no sólo se consigue a base de ayudas comunitarias (*farmer's income*)

agredir [se]*: hay quien cree que **agredir** a la policía autonómica es un error político (*attack*)

agresión (*f*): un policía fue suspendido por la presunta **agresión** a unos turistas (*assault*); mujer, no te avergüences de las **agresiones sexuales** (*sexual attack*)

agropecuario <-a> (*adj*): el porcentaje de **actividades agropecuarias** ha descendido de forma notable en los últimos veinte años (*farming industry*)

agroturismo (*m*): el agricultor español no tiene costumbre de tener extraños en su casa y el **agroturismo** de Bruselas le suena a cuento de hadas (*farm holidays*)

agua (*f*): (*pl*) se va a proceder a la depuración de las **aguas negras** desviando los vertidos hacia la red de alcantarillado; (*pl*) si las **aguas residuales** no son depuradas adecuadamente, el problema puede escapársenos de las manos (*sewage*); lo de 'compañía titular' del Teatro de Madrid **se quedó en agua de borrajas** (*fizzle out*)

aguar [se]*: noticias sobre la frustrada inversión saudí **aguaron** la jornada del Presidente en Asturias (*spoil*)

agudizar [se]*: el escándalo **ha agudizado** la crisis del Gobierno (*aggravate*); el incremento del paro **agudiza** el ingenio y las técnicas para encontrar un puesto de trabajo (*sharpen*)

ahíto <-a> (*adj*): narra la historia de Victoria, una insignificante secretaria de mediana edad, **ahíta** de novelones ingleses (*sated*)

ahondar [se]*: ceder el 15% del IRPF a las autonomías es **ahondar** en las diferencias autonómicas (*accentuate*)

ahorro (*m*): con este tipo de inversiones el **ahorro fiscal** es superior al 50% de la inversión (*tax saving*)

ahuyentador <-a> (*n/adj*): ha salido al mercado un nuevo **ahuyentador** de mosquitos portátil (*repellent*)

ajeno <-a> (*adj*): se trata de una acción **ajena** a nuestra responsabilidad (*beyond*)

ajuste (*m*): el **ajuste económico** va a ser una medida impopular (*economic cutback*); el **ajuste de cuentas** entre los dos clanes provocó once muertos (*settling of differences*)

albergar [se]*: confesó **albergar** sentimientos racistas contra los trabajadores norteafricanos (*harbour*); España se consolida como potencia mundial al **albergar** los mayores observatorios del hemisferio norte (*house*)

alborotador <-a> (*n/adj*): era portero de un club nocturno y se encargaba de echar a los **alborotadores** (*troublemaker*)

6

alcance (*m*): operación inversora de largo alcance (*far-reaching*)

alcantarillado (*m*): esta red de alcantarillado tiene más de cien años (*drains*)

alcista (*n/adj*): la inestabilidad en la cotización de la peseta se ha traducido en presiones alcistas sobre los tipos de interés (*upward*)

alcoholemia (*f*): el conductor fue detenido al dar positivo en las pruebas de alcoholemia (*breath test*)

alcoholímetro (*m*): alcoholímetros usados por la policía de carretera (*breathalyser*)

aldabonazo (*m*): la Caravana por la Paz quiere ser un aldabonazo para las conciencias (*jolt to someone's conscience*)

aldea (*f*): la automatización de los puestos de oficina permitirá llegar a la denominada aldea global (*global village*)

alegar: alegó problemas económicos para justificar el fraude (*put forward*)

alerta (*f*): se han creado situaciones de alerta en algunas zonas a causa de las lluvias (*emergency situation*); alerta ambiental en México por una gran concentración de ozono (*environmental alert*)

alertar [se]*: la ONU ha alertado sobre la hambruna que la guerra y la sequía causan en Mozambique (*raise the alarm*)

alevosía (*f*): se les acusa de haber cometido un asesinato con alevosía (*premeditated murder*)

alfabetización (*f*): nueva campaña de alfabetización de la mujer en las zonas rurales andinas (*literacy programme*); el nivel de alfabetización del Japón es del 99% (*level of literacy*)

alicorto <-a> (*adj*): me pareció una interpretación alicorta que ignoraba aspectos secundarios pero importantes (*limited*)

alijo (*m*): un marinero fue acusado de apropiarse de un alijo de droga (*haul*)

alimentar [se]*: agua necesaria para alimentar la planta eléctrica (*supply*)

alimón (al) (*adv*): un capital social de 84 millones de pesetas, aportados al alimón por un grupo de empresarios (*jointly*)

allegado <-a> (*n/adj*): personas muy allegadas a él fueron procesadas en la misma causa (*close*)

almacenar: la revista almacena sus informaciones en discos CD-ROM, similares a los compactos musicales (*store*)

alojamiento (*m*): el alojamiento turístico ha mantenido sus precios (*tourist accommodation*)

alquilar [se]*: se discuten los supuestos derechos de las madres alquiladas (*surrogate mother*)

alternar [se]*: (*fam*) alumnas de una escuela de baile eran obligadas a alternar con clientes en los locales donde actuaban (*entertain clients*)

alto <-a> (*n/adj*): le **han dado de alta en el hospital** después de tenerle en observación 48 horas (*discharge from hospital*)

alucinógeno <-a> (*adj*): la define como droga sagrada y la equipara a los **hongos alucinógenos** (*magic mushroom*)

aluminoso <-a> (*adj*): se conoce desde hace años el problema de la degradación del **cemento aluminoso** (*high-aluminium cement*)

aluvión (*m*): el proyecto recibió un verdadero **aluvión de críticas** (*hail of criticism*)

alza (*f*): corrupción **en alza**, democracia en apuros (*on the increase*); los precios muestran una **tendencia al alza** (*upward tendency*)

alzar [se]*: el partido en el poder **se alza con la victoria** (*carry off the victory*)

amago (*m*): los manifestantes hicieron un **amago** de entrar en la casa consistorial para entregar una corona de flores al alcalde (*attempt*)

amañar [se]*: ¿están los grandes premios literarios **amañados**? (*rigged*); el portero demandará a quienes le acusan de **amañar** partidos (*fix*)

amarillo <-a> (*m/adj*): los **periódicos amarillos** londinenses se venden por centenares de miles y son capaces de prestar atención a las cosas más insólitas (*tabloid press*)

ambiente (*m*): los negocios nacionales dedicados al colectivo gay se reducen a **locales de ambiente**, a ciertas colonias y unas cuantas tiendas de moda (*gay bar*)

ametrallar: una patrullera **ametralla** a un pesquero (*open fire on*)

amilanar [se]*: la congelación del empleo público no **amilana** a los opositores (*discourage*)

amistoso <-a> (*adj*): conseguido un **acuerdo amistoso** entre las dos partes en litigio (*out-of-court settlement*)

amortización (*f*): se consigue una **amortización** del 100% de la inversión (*writing off*)

amortizar: son deudas que nunca se **amortizarán** (*pay off*)

amotinar [se]*: los presos **se amotinan** en la cárcel (*riot*)

amparo (*m*): las resoluciones de la ONU proporcionan **amparo legal** en caso de intervención militar (*legal protection*)

analfabetismo (*m*): el porcentaje de **analfabetismo** ha descendido al 0,5% (*illiteracy*)

animado <-a> (*adj*): los **dibujos animados** japoneses han invadido la programación infantil (*cartoon*)

antecedente (*m*): (*pl*) el presunto traficante, que **carece de antecedentes penales**, distribuía cocaína en los bares cercanos a las escuelas (*have no previous convictions*)

8

anteproyecto (*m*): de aprobarse el **anteproyecto de ley**, habría que reformar la Constitución (*draft bill*)

antibalas (*adj*): los cascos azules llevan **chalecos antibalas** (*bullet-proof vest*)

antiblanqueo (*adj*): la **ley antiblanqueo** de capitales garantizará el secreto de los notarios en los testamentos (*law against laundering of drug money*)

anticarro (*adj*): un soldado colocó una **mina anticarro** en el acceso al cuartel (*anti-tank mine*)

anticipado <-a> (*adj*): la oposición pide **elecciones anticipadas** (*early election*); le han ofrecido la **jubilación anticipada** (*early retirement*)

anticipar [se]*: **se anticiparon** a todas las previsiones (*foresee*)

anticipo (*m*): la banca aumenta el **anticipo a cuenta** de sus trabajadores hasta un 5,8% (*payment on account*)

anticonceptivo <-a> (*m/adj*): la **vacuna anticonceptiva** podría comercializarse en breve (*contraceptive vaccine*)

antidisturbios (*adj*): el Parlamento alemán estudia crear una **policía especial antidisturbios** (*riot police*)

antigüedad (*f*): la **antigüedad** empezará a contar a partir del 1 de enero de este año (*seniority*)

antiincendios (*adj*): el comedor de los atletas tiene un **refugio antiincendios** (*fireproof shelter*)

antivuelcos (*adj*): los **refuerzos antivuelcos** en autobuses reducirán en un tercio los accidentes (*anti-roll bar*)

anuario (*m*): la empresa publica todos los años un **anuario** estadístico (*yearbook*)

añada (*f*): ha habido **añadas** excelentes para este vino, como la del 76 (*year*)

añorar: los ex políticos **añoran** el contacto directo con la gente (*yearn for*)

apagón (*m*): el informe técnico sobre el **apagón** desata tensiones entre las compañías eléctricas (*blackout*)

apalancar: (*fam*) [se] **se apalancan** a la entrada de los bares y ya no se mueven hasta que los echan (*plonk oneself down*)

apañar [se]*: los niños **se las apañan** para llamar a todas horas, aunque sea desde una cabina (*be smart enough to*)

aparato (*m*): el servicio meteorológico pronostica para hoy y mañana precipitaciones de agua y granizo acompañados de **aparato eléctrico** (*lightning storm*); el **aparato del partido** acaba absorbiendo a los disidentes (*party machine*)

aparcar: la Guardia Urbana multará a quienes **aparquen** en la acera (*park*); las soluciones a los problemas económicos **han quedado aparcadas** hasta septiembre (*been suspended*)

apartamiento (*m*): el fiscal pide un **apartamiento temporal** para el agente acusado (*temporary suspension from duty*)

apear [se]*: Franco y Carrero jamás **se apearon el tratamiento** (*drop the formalities*)

apelación (*f*): la **apelación** será vista por un tribunal especial formado por tres vocales (*appeal*)

apelar [se]*: los republicanos **apelan** al miedo para recuperar la confianza del electorado (*appeal to*); la procuradora encargada del caso **apeló** el martes el auto del juez (*appeal against*)

apertura (*f*): se ha iniciado una **apertura** a Occidente del Tíbet; la **apertura** política propició la transición a la democracia (*opening up*)

aplaudir: en París se **aplaude** el regreso del estilo de los años 50 (*welcomed*)

aplazamiento (*m*): las peticiones de **aplazamiento de pago** de impuestos han aumentado recientemente (*delay of payment*)

aplazar: el Gobierno **aplaza** las grandes decisiones para septiembre (*postpone*)

apoderado <-a> (*n/adj*): orden de prisión para el **apoderado** del empresario acusado de fraude (*proxy*)

aportación (*f*): una **aportación** significativa de la derecha democrática en unos momentos políticamente delicados (*contribution*)

apostar [se]*: su jefe siempre **ha apostado** por las soluciones políticas y el diálogo (*favour*)

apostillar: el periodista **apostilló** las palabras del juez (*echo*)

apoyo (*m*): el **apoyo** de los Siete Grandes fue decisivo para Rusia (*support*); ¡basta de **apoyos retóricos** a América Latina! (*empty promises*); los **Grupos de Apoyo** para acoger, informar y ayudar a los enfermos de sida tienen cada día más importancia (*support group*)

aprobar: la segunda resolución **fue aprobada** por unanimidad (*approved*); el 90% de los estudiantes **aprobaron** las pruebas de selectividad (*pass*)

apropiación (*f*): juicio contra el alcalde por un presunto delito de **apropiación indebida** de cuotas de la Seguridad Social (*misappropriation*)

aprovechar [se]*: **aprovecha** la Convención Republicana para recuperar credibilidad (*take advantage of*)

apto <-a> (*adj*): aquel verano, los JJ OO acapararon casi toda la flota española de vehículos **aptos** para minusválidos (*suitable*)

apuntalar [se]*: el régimen felipista, **apuntalado** por poderes financieros y de comunicación (*propped up*)

10

aquejar: el problema más grave que **aqueja** a la prensa española es la existencia de un sistema organizado de corrupción (*afflict*)

arancel (*m*): se planteó la supresión total de **aranceles** (*duty*)

arancelario <-a> (*adj*): el acuerdo marco para negociar futuros **impuestos arancelarios** se remonta a veinte años atrás (*excise duty*)

árbitro <-a> (*n/adj*): la ONU debería actuar como **árbitro** para la paz en el conflicto (*mediator*)

archivar: han **archivado** la denuncia del PSOE contra el PP (*shelve*)

archivo (*m*): las ilustraciones no eran actuales, sólo **fotos de archivo** de cuando ganaron las elecciones por primera vez (*library picture*)

arma (*f*): el preso murió por las heridas de **arma blanca** que le produjo otro recluso (*knife*)

arraigo (*m*): es una jornada festivo-reivindicativa que adquiere cada vez más **arraigo** (*hold*)

arrasar [se]*: varios locales **fueron arrasados** en una sola noche de violencia (*razed to the ground*)

arrastrar [se]*: con este programa informático se pueden **arrastrar** textos durante la edición (*move*)

arremeter [se]*: el líder de la oposición **arremete** contra el Gobierno por la especulación contra la peseta (*launch an attack*)

arrendamiento (*m*): el Gobierno aprueba la **ley de arrendamientos urbanos** (≈ *tenancy law*)

arrepentido <-a> (*n/adj*): los **arrepentidos** de ETA no tienen fácil la reinserción social (*reformed ex-member*)

arresto (*m*): el fiscal pide tres días de **arresto** para tres jóvenes que quemaron una bandera (*remand in custody*); el coronel está **bajo arresto domiciliario** (*under house arrest*)

arrojadizo <-a> (*adj*): no quieren que la palabra sea utilizada como **arma arrojadiza** (*missile*)

arrojar [se]*: es la provincia que más casos de conductores borrachos controlados **ha arrojado** este fin de semana (*produce*)

arrollar: muere un ciclista **arrollado** por un camión (*run over*)

arropar [se]*: la policía detuvo a tres jóvenes que **arroparon** la acción de los dos agresores iniciales (*cover up*)

arrugar [se]*: un seguidor le animó a no **arrugarse** y a conservar el partido y los ánimos (*chicken out*)

artefacto (*m*): estalla un **artefacto explosivo** en Bilbao (*explosive device*)

artesanal (*adj*): un movimiento de extrema izquierda disparó misiles **artesanales** contra la sede de la cumbre, pero no alcanzó su objetivo (*home-made*)

articular [se]*: el proyecto de ley se **articula** en más de 60 puntos (*be formulated*); se trata de **articular** un frente común nacionalista (*consolidate*)

artículo (*m*): los **artículos de usar y tirar** resultan más caros (*disposable item*); algunos **artículos** de la ley fueron ampliamente debatidos en el Congreso (*article*)

artificiero <-a>: los **artificieros** tardaron más de 2 horas en desactivar la bomba (*bomb-disposal expert*)

asalariado <-a> (*n/adj*): muchas de las ofertas de enriquecimiento rápido como alternativa al **trabajo asalariado** abren una nueva vía al fraude (*work done under an employment contract*)

ascender: la oferta de camas ilegales destinadas al turismo **asciende** a siete millones (*reach*); **ascender** rápido y bajar en picado es la trayectoria de muchos políticos (*get promoted*)

asedio (*m*): el coronel anuncia el fin del **asedio** a la ciudad (*siege*)

asegurar [se]*: el alcalde **asegura** que la ciudad será mejor dentro de cuatro años (*promise*)

asesino <-a> (*n/adj*): existe el temor de que algún **asesino a sueldo** cumpla la condena a muerte (*hired killer*)

asesor <-a> (*n/adj*): la empresa ha prescindido de los **asesores fiscales** que contrató el año pasado (*tax consultant*); un **asesor jurídico** no se comprometería con este tipo de afirmaciones públicas (*legal adviser*)

asesoría (*f*): la Universidad de Zaragoza ofrece al alumno **asesoría** jurídica, psicológica y de sexología (*advisory service*)

asidero (*m*): las diferencias entre los dos partidos sobre Europa constituyen el **principal asidero** para poner objeciones a un posible pacto (*main excuse*)

asiduo <-a> (*n/adj*): las bombas colocadas en las cafeterías no han asustado a los **asiduos** (*regular*)

asignatura (*f*): la cuestión del racismo es una de las **asignaturas pendientes** de los socialistas (*unresolved question*)

asilo (*m*): el Gobierno rechazó el 95% de las peticiones de **asilo** y refugio (*political asylum*); murió en un **asilo** (*home for the elderly*)

asincronía (*f*): se percibe una acusada **asincronía** entre las principales áreas económicas (*lack of harmony*)

asistencia (*f*): la mitad de los conductores ignora que el seguro de coche prevé **asistencia en ruta** (*roadside assistance*)

asistente (*m/f*): la línea telefónica infantil cuenta con la asesoría de psicólogos, **asistentes sociales**, maestros y abogados (*social worker*)

asonada (*f*): un centenar de militares y civiles que participaron en la fracasada **asonada** militar del pasado noviembre se amotinaron ayer (*riot*)

asumible (*adj*): no sería políticamente **asumible** que se mantuviera en el cargo (*acceptable*)

asunto (*m*): ha dimitido el **Ministro de Asuntos Exteriores** (*Foreign Secretary*); se nombró a un nuevo responsable para **Asuntos Penitenciarios** (*prison affairs*); los impuestos pagados por la realeza han sido siempre un **asunto** delicado (*matter*); ¡llegaremos al fondo del asunto! (*get to the bottom of it*)

atajar [se]*: funcionarios de la prisión de la Trinitat **atajan** un intento de motín (*foil*); está preocupado por **atajar** la inmigración ilegal (*curb*)

atasco (*m*): pedradas a la policía por el **atasco** de 16.000 coches magrebíes en Algeciras (*traffic jam*)

atentado (*m*): refuerzos de la vigilancia policial ante el temor de nuevos **atentados terroristas** en Madrid (*terrorist attack*)

atentatorio <-a> (*adj*): el padrón incluía preguntas presuntamente **atentatorias a la intimidad** (*which invade someone's privacy*)

atenuante (*n/adj*): los valores cristianos del cura juzgado por acoger a dos terroristas se han considerado una **circunstancia atenuante** (*mitigating circumstance*)

aterrizaje (*m*): se vieron obligados a hacer un **aterrizaje forzoso** (*emergency landing*)

atestado (*m*): una vez concluido el **atestado**, será trasladado al titular del juzgado más próximo (*police report*)

atisbo (*m*): la llegada de un rey joven supuso un **atisbo de esperanza** (*glimmer of hope*)

atolladero (*m*): el Comité trata de encontrar una solución que ayude al país a salir del **atolladero político** en que se halla (*political deadlock*)

atonía (*f*): **atonía** general en la banca española (*lack of movement*)

atosigar [se]*: según el portavoz de los pescadores del puerto de Algeciras la UE les **está atosigando** (*hassle*)

atraco (*m*): los **atracos** son la principal fuente de ingresos de ciertos grupos terroristas (*holdup*)

atraso (*m*): repetidos **atrasos en el pago** del salario han llevado a los obreros a la acción (*delay of payment*)

atribuir [se]*: Interior **atribuye** a los GRAPO el atentado del gasoducto (*impute*)

atropello (*m*): cualquier **atropello** de los derechos humanos ha de ser una preocupación legítima de la comunidad internacional (*violation*)

audiencia (*f*): TVE-1 es la cadena que más **audiencia** ha perdido en lo que va de año (*viewers*); la **Audiencia Nacional** ha aplazado la vista (≈ *High Court*/≈ *Old Bailey*); la **Audiencia Provincial** de Segovia ha obligado al Insalud a indemnizar a una paciente

auditor <-a> (*n*/*adj*): el Banco de España ha apremiado a las **firmas auditoras** a que presenten informes de urgencia sobre la entidad bancaria intervenida (*firm of accountants*)

auge (*m*): a pesar del **auge** de los nacionalismos, se avanza hacia fórmulas de integración estatales (*surge*)

aumento (*m*): es necesario un fuerte **aumento** en las medidas de seguridad de las centrales nucleares (*increase*); llegar a un acuerdo en la negociación colectiva supondría un **aumento salarial** del 7,53% (*pay increase*)

aupar [se]*: ha logrado que la película **se aupara** al segundo puesto en la lista de éxitos (*climb*)

auspiciar: una solución dialogada al conflicto vasco **es auspiciada** por la Premio Nobel de la Paz (*encouraged by*)

auto (*m*): el juez ha confirmado el **auto** en el que se acordó anular el procesamiento del ex diplomático (*Court Order*); en el **auto de prisión** el juez instructor se refirió al hallazgo de un alijo de droga (*order of imprisonment*); el juez comunicó al acusado el **auto de procesamiento** (*official notification that case is going to trial*); según el **auto de detención** la organización contaba con el apoyo de tres policías (*detention order*)

autocontrolar [se]: los sindicatos deben **autocontrolarse** (*exercise self-restraint*)

autocrítica (*f*): a los partidos españoles les falta una cierta dosis de **autocrítica** (*self-criticism*)

autoestopista (*m*/*f*): detenido el presunto violador de cinco jóvenes **autoestopistas** (*hitchhiker*)

autofinanciar [se]: todas las televisiones autonómicas **se autofinancian** (*be self-financing*)

autogestionario <-a> (*adj*): las Cámaras de Comercio también existen en los países con sistemas colectivizados o **autogestionarios** (*self-governing*)

autogolpe (*m*): siguiendo el ejemplo del presidente del Perú, ahora es el de Guatemala el que **da un autogolpe** para acabar con la oposición (*stage a coup against oneself in order to consolidate one's own power*)

automatización (*f*): los trabajadores del Metro de Barcelona protestaron contra la **automatización** de las líneas 3 y 5 (*automation*)

autonomía (*f*): no todas las **autonomías** tienen una base histórica (*autonomous community*)

autonómico <-a> (*adj*): la policía **autonómica** se incautó de dos mil entradas para evitar su reventa (*of an autonomous community*)

autónomo <-a> (*adj*): se registraron nuevos combates en la República **Autónoma** de Abjazia (*autonomous*); los que se dedican a esos empleos suelen ser **trabajadores autónomos** (*self-employed worker*)

autopista de información (*f*): llegan a España las **autopistas de información** (*information superhighway*)

autoría (*f*): hay opiniones contrarias respecto a la **autoría** del crimen (*the person/s responsible for*)

autorización (*f*): el registro del piso se produjo sin **autorización legal** (*search warrant*)

autovía (*f*): aprobado un nuevo trazado para la **autovía** (*dual carriageway*)

auxiliar (*n/adj*): se ha convocado un examen para el acceso al **cuerpo de auxiliares** de la Universidad de Palma (*non-teaching staff*)

aval (*m*): necesita un buen **aval** para conseguir el préstamo (*guarantor*); ni siquiera el **aval** de ofrecer retransmisiones deportivas es ya suficiente (*attraction*)

avalancha (*f*): una **avalancha** de gente invade la ciudad a pesar del fuerte calor de agosto (*horde*)

avalar: el triunfo electoral **avala** el envío de tropas al país vecino (*justify*); EE UU y Rusia acordaron un plan que **avalaba** las conquistas serbias (*back*)

avan-carga (*adj*): el arma es de tipo **avan-carga** (*front-loading*)

avance (*m*): las negociaciones muestran un **avance** esperanzador (*progress*); la noticia se dio a conocer a las 6 de la tarde a través de un **avance informativo** de TVE (*news flash*); nuevo **avance de las tropas** en territorio enemigo (*troop advance*); el dirigente de la extrema derecha consiguió un espectacular **avance** en una elección provincial (*gain*)

avanzadilla (*f*): una **avanzadilla** de 1.700 soldados llega a Somalia (*advance group/party*)

avenir [se]*: no parecen **avenirse** mucho (*get on well with each other*)

aventajar [se]*: el candidato más joven **aventaja** al mayor en 25 puntos al cierre de la Convención (*be ahead of*); el ganador **aventajó** al finalista en la última votación (*beat*); en la reproducción y clonación humana no se puede permitir que la tecnología **aventaje** a la ética (*outstrip*)

ayuntamiento (*m*): el **Ayuntamiento** de Barcelona quiere una ciudad organizada y moderna (*Town/City Council*)

azafata (*f*): las jóvenes **azafatas** uniformadas de azul promocionan entre los clientes la tarjeta American Express invitando a una consumición a sus portadores (*promotion girl*)

B

bache (*m*): la costa catalana se recupera del **bache turístico** y espera plena ocupación para final de mes (*decline in tourism*); quieren dejar bien claro que no son simples camareros, que son futuros ingenieros y diseñadores que **atraviesan un bache** (*go through a bad patch*)

bajada (*f*): fuerte **bajada** del dólar en los mercados internacionales (*drop/fall*); (*fam*) el Servicio Teléfonico de Atención a Drogodependientes recibe muchas llamadas de padres que requieren ayuda para sus hijos a causa de las **bajadas** durante el fin de semana (*collapse*)

bajista (*n/adj*): la tendencia bursátil sigue siendo **bajista** (*downward*)

bajo <-a> (*n/adj*): elevado número de **bajas** en ambos bandos (*casualty*); **se dio de baja** como miembro del club y no volvieron a verle más (*discontinue membership*); **le dieron de baja** del ejército (*discharged*); los precios muestran una **tendencia a la baja** (*downward tendency*); se ofrecen **bajos comerciales** aptos para almacenistas (*ground-floor premises*)

bajón (*m*): la causa de este **bajón** económico es la fuga de consumidores hacia mercados más baratos (*slump*)

bakalao (*m*) (*sl*): han subido las estadísticas de consumo de drogas sintéticas en las discotecas incluidas en las **rutas del bakalao** (*route followed by young people going from one rave to the next*)

baladí (*adj*): las condiciones que exige el partido para colaborar con el gobierno no son **baladíes** (*trivial*)

balance (*m*): el **balance comercial** de la ex superpotencia no es muy prometedor (*balance sheet*)

balanza (*f*): las exportaciones de acero español sufrieron una merma del 2,6%, lo que trajo consigo un deterioro de la **balanza comercial** (*balance of trade*)

balbuceante (*adj*): intentos **balbuceantes** de hacerse con el control del partido; una **balbuceante** libertad que nacía bajo los gases lacrimógenos (*hesitant*)

baldío <-a> (*adj*): esfuerzos **baldíos** por potenciar un ala izquierda dentro del PSOE (*futile*)

balón (*m*): las fuentes citadas manifestaron que esta campaña no debe convertirse en un **balón de oxígeno** para el PSOE (*way of revitalizing*)

balsero <-a>: el éxodo de **balseros** continúa pese a la amenaza de ser internados en Guantánamo (*Cuban boat-people*)

banca (*f*): la gran **banca** española se muestra prudente con el dinero (*banking sector*)

bancario <-a> (*adj*): buena salud en el sector **bancario** español (*banking*)

bancarrota (*f*): **fueron a la bancarrota** después de varios intentos de salvar el negocio (*go bankrupt*)

banco (*m*): ningún **banco** parecía dispuesto a negociar semejante bajada de intereses (*bank*); la flota pesquera se acercó al **banco de pescado** (*fishing grounds*)

banda (*f*): el SME intenta salvarse con mayores **bandas de cotización** (*exchange band*)

bando (*m*): España, por fin en el **bando** de los ricos (*side*); fue mencionado en un **bando municipal** del Ayuntamiento de Madrid (*mayor's decree*)

banquillo (*m*): **sentaron** al jefe de la banda **en el banquillo de los acusados** (*put someone in the dock*); personas allegadas a los diez acusados que **se sentarán** hoy **en el banquillo** expresaron su optimismo (*appear in the dock*)

baqueteado <-a> (*adj*): los rusos tienen el **orgullo** muy **baqueteado** (*have one's pride wounded*)

baraja (*f*): se ha roto la **baraja de la negociación** (*deal on the negotiating table*)

barajar [se]*: se **barajan** nuevos nombres para las responsabilidades comunitarias (*discussed*); la solución que plantean los tres arquitectos es mucho más barata que las **barajadas** por los técnicos (*suggested*)

baremo (*m*): el **baremo de precios** no ha cambiado desde hace dos años (*price index*); han cambiado los **baremos** para valorar este período de la historia (*criterion*)

barra (*f*): este programa informático tiene como novedad una **barra de iconos** en la parte superior de la pantalla (*row of symbols*)

barruntar [se]*: ese conflicto se **barrunta** como eventual punto de fricción con Interior (*thought to be*); él llevaba tiempo **barruntándo**lo (*mull over*)

basca (*f*): (*sl*) 'Hablando se entiende la **basca**' fue un programa juvenil muy popular (*folk*)

base (*f*): se trata de una **base de datos** para informar a la empresa de las ayudas que se encuentran a su alcance (*database*); entre lo que Ud. deduce de la **base imponible** y lo que desgrava de la cuota, puede ahorrarse mucho dinero (*taxable income*); ha subido la **base impositiva** en un 2% (*tax-assessment base*); la **base de cotización** es única y se establece anualmente así como el tipo a aplicar a la misma (*base calculation rate*)

batacazo (*m*): los socialistas de esa zona se han buscado el **batacazo electoral** para poder culpar al secretario general del fracaso (*electoral upset*)

batallar: cientos de jóvenes **batallan** por segundo día con la policía (*fight a pitched battle*)

batería (*f*): **batería de preguntas** al Presidente en el Congreso (*shower of questions*)

batir [se]*: el aeropuerto **batió** ayer todos los **récords** de vuelos y pasajeros (*break a record*)

batuta (*f*): bajo la **batuta** del actual presidente, se ha pasado de una economía centralizada a un sistema de mercado (*leadership*); los cuatro mejores equipos **llevarán la batuta** (*be at the forefront*)

baza (*f*): tiene muchas **bazas** a favor y pocas en contra (*trump*); la marcha y los 1500 metros vuelven a ser las mejores **bazas** del equipo español (*bet*); el PNV pide al secretario general de los socialistas vascos que no **dé bazas** al terrorismo (*place trump cards in the hands of*)

bazofia (*f*): cortan los programas cada 8 ó 10 minutos para la publicidad, y al mismo tiempo nos anuncian la **bazofia** que nos espera al día siguiente (*trash*)

beca (*f*): un sistema de **becas estatales** que cubriera las necesidades de la educación especial (*state grant*)

becario <-a> (*n/adj*): **se fue de becario** a los EE UU y allí se quedó (*go on a scholarship*)

beneficencia (*f*): 50.000 kilos de naranjas repartidos en un solo mes en **centros de beneficencia** (*charity hostel*)

beneficio (*m*): el **beneficio** no distribuido aumenta el valor patrimonial; la Compañía repite **beneficios** en el segundo trimestre del año (*profits*); con un **margen de beneficio** superior al recibido por los inversores en los tres últimos años (*profit margin*); el Banco aumentó un 22,7% su **beneficio neto** en el pasado año (*net profit*)

benéfico <-a> (*adj*): reparto **benéfico** de alimentos en Somalia (*charitable*); lugar **benéfico** para la salud (*beneficial*)

benemérita (*f*): la **benemérita** y el tricornio, viejos símbolos del franquismo (*Spanish Civil Guard*)

beneplácito (*m*): el anteproyecto de la obra sólo goza del **beneplácito** de los socialistas (*blessing*)

benjamín <-a> (*n/adj*): un **equipo de benjamines** fue sancionado por alinear a una niña (*junior team*)

bien (*m/adv*): (*pl*) **bienes de consumo** que se convierten en el motor y el objetivo de tantas transacciones comerciales (*consumer goods*); (*pl*) nacionalizar los **bienes de producción** no parecía viable (*means of production*); (*pl*) en cinco años las ventas a China de **bienes de equipo** y tecnología han alcanzado los 200 millones de dólares (*equipment goods*)

bienestar (*m*): el **bienestar social** ha dejado de ser una prioridad (*social welfare*); los sindicatos exigen que se respete el **Estado de bienestar** (*Welfare State*)

bipartidista (*adj*): los debates cara a cara televisados son más propios de un **sistema bipartidista** (*two-party system*)

bizantinismo (*m*): es una gramática sin complicaciones metodológicas ni **bizantinismos** (*convolution*)

blanco <-a> (*n/adj*): los refugiados se han convertido en un **blanco fácil** (*easy target*)

blandir [se]*: más de cinco mil personas salieron a la calle **blandiendo** la bandera turca (*brandish*)

blanquear: por miedo a consecuencias administrativas, muchos temen **blanquear** su dinero negro (*launder*)

blanqueo (*m*): el fiscal antidroga lamenta la falta de medios para perseguir el **blanqueo** de dinero (*laundering*)

blindar: un atracador huye tras romper el **cristal blindado** a cabezazos (*reinforced glass*); acostumbra a viajar en coche **blindado** (*armour-plated*)

boca (*f*): el 79% de los visitantes de la Costa del Sol se informan **por el boca a boca** (*by word of mouth*)

bocadillo (*m*): un **bocadillo** de la historieta indica que se marcha de allí (*balloon/bubble*)

bocata (*m*) (*fam*): vendía **bocatas** a la salida del cine (*sandwich*)

bochorno (*m*): no se pueden presentar en público sin provocar sentimientos de culpabilidad, **bochorno**, vergüenza ajena (*embarrassment*)

bochornoso <-a> (*adj*): era un espectáculo **bochornoso**, digno de la mejor España profunda (*sultry*)

boga (*f*): la **boga** actual del multiculturalismo hispano (*vogue*)

bollycao (*m*) (*fam*): esta chica es un **bollycao** (*pretty teenage girl*)

Bolsa (*f*): la crisis económica hará que en la **Bolsa** se produzcan buenas ocasiones para hacer fabulosos negocios (*Stock Exchange*)

bolsa (*f*): en la sección 'Bolsa de la enseñanza' se agrupan los anuncios relacionados con educación (*supplement*); **bolsas de trabajo** o listas ilegales de empleo auspiciadas por CC OO (*list of job vacancies*)

bolsillo (*m*): nueva colección de grandes obras de la literatura en **libro de bolsillo** (*paperback*)

bomba (*f*): tuvo una **bomba de relojería** pegada a su cuerpo durante más de 20 horas; acabó convirtiéndose en una **bomba de relojería** que estalló en el seno del imperio soviético (*time bomb*); era una **bomba trampa** que contenía una pequeña carga de amonal (*booby-trap bomb*)

bonificación (*f*): así se obtiene una **bonificación** que representa el 12% del total inicial (*bonus*)

bono (*m*): nueva emisión de **bonos con vencimiento fijo** (*fixed-term bond*); la curva de rendimiento de los **bonos del Tesoro** ha subido tres puntos (*Treasury/Government bond*)

borrador (*m*): el **borrador** del primer plan aconseja tomar medidas inmediatas (*draft*)

borrar [se]*: pueblos enteros parecen **haber sido borrados** del mapa (*wiped off*)

bote (*m*): otros dos **botes** en juego en la Lotería Primitiva de esta semana (*accumulator/jackpot*)

bravuconada (*f*): las **bravuconadas** de los militares se han empezado a olvidar (*blustering*)

brecha (*f*): para **seguir en la brecha,** va a ser imprescindible llevar a cabo algunos cambios decisivos (*keep up the fight*)

brete (*m*): la economía doméstica tiene a los españoles **en un brete** (*in a tight spot*)

brigada (*f*): según fuentes fidedignas procedentes de la **Brigada de Información,** no hay riesgo de invasión (*Intelligence Service*); la **Brigada Paracaidista** se nutre mayormente de soldados voluntarios (*Parachute Regiment*)

bronca (*f*): su forma de protestar es primitiva: **montar broncas,** patalear e incendiar coches (*stir up trouble*)

brote (*m*): han surgido **brotes** de racismo contra la comunidad gitana (*outbreak*)

bruto <-a> (*n/adj*): el **peso bruto** de la mercancía confiscada superaba las tres toneladas (*gross weight*)

burlar [se]*: 20 inmigrantes ilegales **burlan** la vigilancia de la costa (*slip past*)

bursátil (*adj*): se han publicado datos del **mercado bursátil** de deudas del Estado (*financial market*); la **semana bursátil** ha sido aburrida e indecisa (*financial week*)

buscapersonas (*m*): todos los médicos llevan el **buscapersonas** colgando del cinturón (*bleeper*)

buscar: (*fam*) [se] **buscarse la vida** es lo que les toca hacer a los adolescentes que caminan hacia la adultez sin dinero (*make one's own way/fend for oneself*)

butrón (*m*): un **butrón** en la oficina del Banco Central dio a los ladrones un botín de 300 millones (*tunnelling*)

buzoneo (*m*) (*fam*): se invertirá en esta campaña un máximo de 94 millones de pesetas, **buzoneo** e impuestos de los créditos incluidos (*mailshot*)

C

caballo (*m*): el proyecto se ha convertido en un **caballo de batalla** entre los que lo califican de fiasco y los que creen en él (*bone of contention*); (*sl*) murió de una sobredosis de **caballo** (*heroin*); la periodista **trabaja a caballo entre la radio y la televisión** (*work both in radio and television*)

cabecilla (*m/f*): detenido en Francia un lugarteniente del **cabecilla** de ETA (*leader*)

cabeza rapada (*m/f*) (*sl*): se acusa a un grupo de **cabezas rapadas** del asesinato del joven valenciano (*skinhead*)

cablear: proyectan invertir 1.000 millones para **cablear** Cádiz (*install a cable network*)

cabrear [se]*: (*fam*) les **cabrea** mi indiferencia (*make someone mad*)

cachas (*f*) (pl): (fam) hay muchos jóvenes norteamericanos que utilizan estas hormonas para **ponerse cachas** (*get really fit*)

caché (*m*): su **caché** se va a poner en las 900.000 pesetas más viajes (*fee*)

cacheo (*m*): un **cacheo** rutinario de inmigrantes en el centro de la ciudad no produjo detención alguna (*body search*)

cachorro (*m*): el actual candidato sigue siendo el **joven cachorro** que a veces necesita un buen consejo (*young pup*)

caciquil (*adj*): concejales rurales sin más conocimientos que una experiencia provinciana y **caciquil** (*typical of small-town government*)

caciquismo (*m*): la difícil salida de una historia marcada por el **caciquismo** y la corrupción (*domination by small-town party bosses*)

cadena (*f*): críticas en Italia por el reparto de **cadenas privadas** de televisión (*private channel*); se organizó una multitudinaria **cadena humana** contra el racismo (*human chain*); **cadena perpetua** para un neonazi que mató a un refugiado (*life imprisonment*); se trata de un **trabajo en cadena** (*assembly-line work*); han detectado fallos en la **cadena de montaje** (*production line*)

caduco <-a> (*adj*): unos trámites fronterizos que han quedado **caducos** (*out of order*)

cafre (*n/adj*): la amarga realidad de un país **cafre** y reprimido (*uncivilized*)

caja (*f*): las **Cajas de Ahorros** colaboran en multitud de actividades culturales (*savings bank*); el **déficit de caja** del sector público se redujo hasta situarse en un 4,5% del PIB (*current account deficit*); no abrieron la **caja fuerte**, se la llevaron (*safe*); (*fam*) ¿cuántas horas pasan los niños ante la **caja tonta**? (*goggle box*)

cajero <-a>: el **cajero** y uno de los empleados de la sucursal bancaria resultaron heridos en el atraco (*cashier*); el **cajero automático** ofrece un reducido margen de disponibilidad de dinero (*automatic cash point*)

calada (*f*): dos **caladas** al cigarrillo son suficientes para que el fumador note sus efectos (*puff*)

caldo (*m*): la pobreza y la insatisfacción han sido el auténtico **caldo de cultivo** para la formación de esos grupos terroristas (*breeding ground*)

calentamiento (*m*): el **calentamiento del planeta** plantea serias dificultades a la comunidad científica (*global warming*)

calibrar: el diputado fue muy cauto al **calibrar** el alcance de la crisis (*evaluate*)

calidad (*f*): viaja con él **en calidad de** secretaria privada (*as*)

caliente (*adj*): la Policía Municipal tenía claro cuál era la **zona caliente** (*red-light district*); el Barrio de los Remedios de Sevilla es una de las **zonas calientes** del fin de semana (*flashpoint*)

callejear: siempre **andaba callejeando**, sin hacer nada de provecho (*roam the streets*)

callejeo (*m*): el **callejeo** es una de las ocupaciones preferidas de los adolescentes de los suburbios (*roaming the streets*)

callejón (*m*): la economía se encuentra en un **callejón sin salida** (*impasse*)

calma chicha (*f*) (*fam*): después de las elecciones hay **calma chicha** en Chiapas (*dead calm*)

cambio (*m*): la peseta sigue fuerte al **cambio** (*foreign exchange*)

cambista (*m/f*): satisfacción entre los **cambistas** por la situación de la Bolsa (*foreign-exchange dealer*)

camelar (*fam*): al Presidente le aclaman muchos cuando **camela** con talento (*smooth talk*)

camello <-a>: (*sl*) (*m/f*) compran la droga a los **camellos** habituales de la zona (*drug pusher*)

campaña (*f*): es la **campaña electoral** más sucia de nuestra historia (*election campaign*); **campañas publicitarias** de gusto exquisito y, a su modo, agresivas (*advertising campaign*); se montó una **campaña de intoxicación** contra la guerrilla; organizaron una **campaña de descrédito** contra el candidato nacionalista (*smear campaign*)

campar: la contraprogramación sigue **campando por sus respetos** en las televisiones españolas (*be rife /endemic*)

campo (*m*): mantenían a los prisioneros en **campos de exterminio** durante días antes de ejecutarlos (*extermination camp*); destacó en el **campo** de la investigación bioquímica (*field*)

canalización (*f*): el examen de selectividad sirve de **canalización** de la demanda de ingreso en la Universidad (*filtering*)

candelero (*m*): el ex líder desea **estar** de nuevo **en el candelero** (*be in the limelight*)

canguro (*m*): (*fam*) (*m/f*) hacer de **canguro** requiere una gran responsabilidad (*baby-sitter*)

canon (*m*): la Unión de Consumidores de España expresó su total oposición al pago de un **canon** por antenas parabólicas (*levy*)

cantautor <-a>: aquellos conciertos con **cantautores**, llenos de significado político (*politically committed singer*)

cantera (*f*): la **cantera** integrista es cada vez más joven (*pool of recruits*)

cantidad (*f*): se notaba que le **iba en cantidad**, pero se negó a colaborar (*like something a lot*)

canuto (*m*): (*sl*) se olía el olor de los **canutos** con sólo pasar la puerta (*joint*)

capa (*f*): ya se conocen las consecuencias del agujero en la **capa de ozono** (*ozone layer*); amplias **capas de la población** viven en situación límite, pero a efectos oficiales no son indigentes (*stratum of the population*); la inversión extranjera, otra vez **de capa caída** (*on the decrease*)

capacidad (*f*): su obra es fruto de su **capacidad creadora** (*creative ability*)

capacitación (*f*): se ratificarán tanto los contenidos curriculares como la duración y **capacitación** final de los módulos (*qualification*)

capacitar [se]*: ¿qué hacemos para que nuestros alumnos terminen **capacitados** para incorporarse a un trabajo?; nuestra organización está **capacitada** para dar servicio a más de 8.000 productos (*equipped*)

capear: el ministro dio su opinión sobre como **capear** la crisis económica (*cope with*)

capo (*m*): en la primera fila del estrado se situaron los principales **capos del narcotráfico** gallego (*drug baron*)

capotar: la economía **capota** entre la recesión mundial y los vaivenes del gobierno (*plunge*)

cara (*f*): es el presidente del Gobierno quien tiene que **dar la cara** (*be accountable*); los técnicos del partido han preparado al detalle el [debate] **cara a cara** de hoy (*face to face debate*)

caravana (*f*): en las **caravanas** siempre hay conductores que terminan haciendo tonterías (*tailback*)

carca (*n/adj*) (*fam*): no todos los adultos son unos **carcas** (*square*)

carcundia (*f*) (*fam*): en la derecha española hay desde jóvenes con masters en el extranjero hasta la **carcundia** de toda la vida (*old fogies*)

carencia (*f*): circunstancias que son comunes a las mujeres adultas **con carencias informativas** (*of limited skills*)

careo (*m*): el jefe de la organización fue sometido a un **careo** con un ex miembro (*verbal confrontation*)

carga (*f*): **carga policial** contra los manifestantes (*charge*); en este país se mantiene una excesiva **carga fiscal**; fuerte subida de la **carga impositiva** (*tax burden*); sus palabras suponen una **carga de profundidad** contra la paz (*broadside*); se descuentan habitualmente de su sueldo las **cargas sociales** (≈ *National Insurance contribution*); algunas licenciaturas critican un posible recorte de la **carga lectiva** en los nuevos planes de estudios (*teaching load*)

cargo (*m*): los tres se disputarán el **cargo** de secretario general del partido (*post*); un **alto cargo** vasco del Ministerio del Interior culpa al periódico de dar información a ETA (*leading figure*); (*pl*) el presunto terrorista fue puesto en libertad **sin cargos** (*without charges being preferred*)

carguero (*m*): inspección de un **carguero** chino que transportaba componentes químicos al Medio Oriente (*freighter*)

carnaza (*f*): me he convertido en **carnaza** nacional (*object of gossip and criticism*)

carné (*m*): el sistema del **carné de conducir** por puntos está resultando una experiencia positiva (*driving licence*); nuevos cauces de participación para **simpatizantes sin carné del partido** (*fellow-traveller*)

carpetazo (*m*) (*fam*): **ha dado un carpetazo definitivo** a la legitimación moral de la pena de muerte (*shelve indefinitely*)

carrera (*f*): **hizo la carrera de Derecho** y después se metió a funcionario (*graduate in Law*); en algunas **carreras técnicas** la presencia de la mujer es casi nula (*technical degree course*); su intención era frenar la **carrera armamentista** (*arms race*)

carril (*m*): la UE aboga por que los vehículos a motor sufraguen los **carriles bici** (*bicycle lane*)

cartelera (*f*): una **cartelera** teatral excitante y moderna (*entertainments guide*); la película **está arrasando en la cartelera** norteamericana (*be a huge box-office success*)

cartera (*f*): la **cartera de pedidos** de la industria manufacturera creció el 1,4% (*order book*); el visitante fue recibido por el **responsable de la cartera de Exteriores** (*Minister of Foreign Affairs*)

carterista (*m/f*): un grupo de jubilados ayuda a la policía en la prevención, denuncia y retención de **carteristas** en las estaciones del metro (*pickpocket*)

casar: el Tribunal Supremo **casa** y anula una **sentencia** dictada por el Tribunal Superior de Justicia de Andalucía (*quash sentence*)

cascado <-a> (*adj*) (*fam*): el juez es un hombre austero, propietario de un **cascado** automóvil y ajeno a los placeres de la vida social (*clapped out*)

casco azul (*m/f*): el envío de **cascos azules** a zonas conflictivas es una medida de la ONU para evitar que estallen nuevas guerras (*blue beret*)

castrense (*adj*): el Ejército hizo una sucinta declaración al término de la **reunión castrense** (*military meeting*); diecinueve militares y civiles fueron condenados a muerte por un **tribunal castrense** (*military tribunal*)

catadura (*f*): le acusaron de no tener ninguna **catadura moral** (*moral fibre*)

catalizador (*m*): coches 'verdes' equipados con **catalizador** (*catalytic converter*)

cate (*m*) (*fam*): internados de lujo ofrecen plazas veraniegas para estudiantes con **cates** (*fail*)

cateado <-a> (*n/adj*) (*fam*): los **cateados** pasan el verano estudiando para septiembre (*student who has failed one or more subjects*)

catear (*fam*): le **catearon** las matemáticas por segunda vez (*fail someone in an exam*)

cátedra (*f*): el ministro siempre está **sentando cátedra** (*hold court*)

catedrático <-a>: según el **Catedrático** de Economía de la Empresa, el objetivo prioritario es mejorar la competitividad (*professor*)

cauce (*m*): a pesar de las críticas, el proyecto de ley siguió su **cauce parlamentario** (*parliamentary course*)

caudal (*m*): ha habido apropiación indebida y malversación de **caudales públicos** (*public funds*)

causahabiente (*m*): su postura es **causahabiente** de futuras tropelías con el Gobierno (*guarantee*)

cautelar (*adj*): comunicó a la Junta la decisión de **suspender de forma cautelar** a un profesor (*suspend pending outcome of enquiry*); el abogado **pide la suspensión cautelar** de la Ley de Normalización del Catalán (*apply to have the law suspended until its constitutionality is decided*)

cautelarmente (*adv*): la juez del caso retiene **cautelarmente** a la tripulación del yate (*as a precautionary measure*)

cazatalentos (*m*): el director del programa es un excelente **cazatalentos** (*head-hunter*)

cebar [se]*: un nuevo temporal **se ceba** en los núcleos turísticos de Tarragona (*strike*)

censal (*adj*): los electores pedían su **certificado censal** (*polling card*)

censar [se]*: la mujer reside en Madrid, pero **se censó** en León (*have one's name entered on the electoral roll*)

censo (*m*): todos aquellos ciudadanos inscritos en el **censo electoral** tienen derecho al voto (*electoral roll*)

censor <-a>: fue **censor** de tres revistas religiosas a principios de los cuarenta (*censor*); el **censor de cuentas** tendrá la última palabra (*auditor*)

central (*f/adj*): las autoridades rusas consideran innecesario el cierre de sus **centrales nucleares** (*nuclear power station*)

centrar [se]*: **centraremos** nuestro esfuerzo en mejorar la calidad de vida de nuestra gente (*focus*)

centro (*m*): los **centros docentes** recibirán nuevo equipamiento deportivo (*school*)

cercanía (*f*): (*pl*) un Talgo chocó con un **tren de cercanías** (*local/suburban train*)

cercar: un millón y medio de somalíes resisten **cercados** por el hambre y las guerras (*besieged*)

cerco (*m*): el fugado roba dos coches en su huida del **cerco policial** (*police chase*); el bombardeo es una rutina en el **cerco** de la ciudad (*siege*)

cerner [se]*: la amenaza de ruptura **se cierne** sobre las negociaciones de paz (*hang*)

cerrar [se]*: el Gobierno confía **cerrar el acuerdo** de financiación con la Iglesia (*finalize an agreement*)

cerrazón (*f*): su **cerrazón** política hará que la historia le reserve un lugar cada vez más pequeño (*obstinacy*)

cesar: el portavoz de los socialistas en el Congreso **ha cesado** en su cargo (*resign*)

cese (*m*): se ha confirmado el **cese** del Presidente de la Comisión (*resignation*)

cesión (*f*): el Gobierno propone un acuerdo para tres años sobre la **cesión** del 15% del IRPF a las Autonomías (*granting*)

chabola (*f*): un incendio destruye treinta **chabolas** en un poblado de magrebíes en Madrid (*shack*); 24 personas asesinadas en un **barrio de chabolas** de Río de Janeiro (*shanty town*)

chabolista (*m/f*): Sevilla tiene más de mil **chabolistas** (*shanty-town dweller*)

chamuscar [se]*: (*fam*) el ministro dijo que estaba dispuesto a **chamuscarse** (*take risky decisions*)

chanchullo (*m*) (*fam*): los **chanchullos** de las administraciones locales no siempre salen a la luz (*shady practices*)

chantajear: un senador de HB dice que fue intermediario con los dos empresarios **chantajeados** por ETA (*blackmailed*)

chapa (*f*): ¿la nueva **chapa de calidad** será útil para preservar la pesca española? (*quality tag*)

chaparrón (*m*): **chaparrón** de la oposición sobre el Gobierno en el debate parlamentario de ayer (*spate of attacks*)

chapero (*m*) (*sl*): al pintor le mató un **chapero** de 17 años (*rent boy*)

chapucero <-a> (*n/adj*): el crítico calificó la película de cine caro pero **chapucero** (*shoddy*)

chaquetero <-a> (*n/adj*) (*fam*): se le acusó de ser un **chaquetero** (*turncoat*)

chasco (*m*): la anunciada inversión multimillonaria saudí para una planta petroquímica ha resultado ser un **chasco** (*disappointment*)

chaval <-a>: detuvieron a un **chaval** que lanzaba dardos desde una ventana (*boy*)

cheli (*m*): el **cheli** es un lenguaje verbal, apenas escrito (*social dialect used by young urban dwellers*)

chequeo (*m*): la empresa ofrece **chequeos** periódicos a los trabajadores (*check-up*)

chiringuito (*m*): el Mercado Único necesitará empresas fuertes que hagan frente al reto, ya no es posible el **chiringuito** (*temporary stall/bar*)

chiripa (*f*): (*fam*) **de chiripa**, un aficionado tenía una cámara de video y pudo filmar la paliza que los policías propinaron al muchacho (*by a stroke of luck*)

chispa (*f*): (*fam*) a ese grupo teatral le falta **chispa** (*spark*)

chivo expiatorio (*m*): los médicos acusados de emplear sangre infectada se consideran **chivos expiatorios** de los políticos (*scapegoat*)

chollo (*m*) (*fam*): ¿quién no se apuntaría a semejante **chollo**? (*cushy number*)

chorizo (*m*): (*fam*) la policía tuvo que intervenir para evitar el linchamiento de un **chorizo** (*petty thief*)

chorrada (*f*): ya sé que este asuntillo es una **chorrada** en comparación con los grandes problemas actuales (*trivial matter*); sólo **dices chorradas** (*talk nonsense*)

choteo (m) (*fam*): de lo contrario la ministra será **tomada a choteo** (*treated as a joke*)

chuleta (*f*): (*fam*) los estudiantes más desesperados no dudan en recurrir a **chuletas** y estimulantes (*crib notes*)

chulo <-a> (*n/adj*): **se hacían el chulo** y no había forma de aguantarlos (*be a smart Alec*)

chupa (*f*): (*fam*) robaban **chupas de cuero**, videos, relojes y la policía no podía controlarlos (*leather jacket*)

chupar [se]*: (*fam*) poder **chupar rueda** es una de las circunstancias geográficas e históricas favorables de nuestro país (*benefit from someone else's pioneering work*)

chupóptero (*m*) (*fam*): un diputado calificó a los militares de **chupópteros** (*parasite*)

chusco <-a> (*m*/*adj*): el PNV califica de **chusco** el discurso del Rey (*absurd*)

chutar: (*sl*) [se] todos los dictadores terminan **chutándose en vena** fuertes dosis de despotismo, arbitrariedad y egocentrismo (*inject oneself with*); (*sl*) [se] vio desde su terraza a un 'yonqui' **chutándose heroína** en el parque (*give oneself a shot of heroin*)

ciclo (*m*): el número de mujeres que hacen el **tercer ciclo** es inferior al de hombres (*postgraduate studies*); se está organizando un **ciclo de conciertos** dedicado a la Viena de fin de siglo (*series of concerts*)

cierre (*m*): españoles residentes en aquella ciudad ocupan el consulado para impedir su **cierre** (*closure*)

cifra (*f*): las **cifras del paro** no son reales en julio (*unemployment figures*); marcó el camino a seguir para que las **cifras de exportación** no bajaran en el próximo año (*export figures*)

cinta (*f*): grabó el documental en una **cinta virgen** (*blank tape*)

cinturón (*m*): el temporal provocó cortes en el fluido eléctrico en localidades del **cinturón urbano** de La Coruña (*suburbs*); el centro-derecha domina doce de las ciudades principales y el PSOE resiste en Andalucía y **cinturones industriales** (*industrial belt*); el Ministerio construyó el **cinturón** litoral **del anillo viario** de las Noves Rondes de Barcelona (*orbital route*)

cita (*f*): malos augurios para el presidente ante la **cita con las urnas** (*election day*)

ciudadanía (*f*): lo que pretende es demostrar que la **ciudadanía** no va a bajar la guardia (*public*)

clamar: ante la sospecha de abusos sexuales, los padres de las alumnas **clamaron al cielo** (*protest loudly*)

clausura (*f*): fue el responsable de la parte musical de la **velada de clausura** del festival (*closing ceremony*)

clausurar: los reyes **clausuran** la gran regata (*bring to a close*)

clave (*f*/*adj*): es conocida su tendencia a plantear todas las cuestiones **en clave comunitaria** (*from a Community perspective*); la aceptación del candidato ha sido interpretada **en clave de** estabilidad (*as a sign of*); desempeñará un **papel clave** en la negociación (*key role*); no se considera una **pieza clave** en este conflicto (*key figure*); se perdió una **prueba clave** para la investigación (*key evidence*)

clavija (*f*): prometió **apretarles las clavijas** al máximo (*tighten the screw*)

coaccionar: el acusado intentó **coaccionar** a una testigo (*coerce*)

coadyuvar: la compañía eléctrica investigaba ayer qué otro motivo pudo **coadyuvar** al apagón (*contribute to*)

cobertura (*f*): la cadena televisiva invirtió 100 millones en la **cobertura** del campeonato (*coverage*); buscó una estabilidad social que garantizara el mantenimiento de las **coberturas sociales** (*social welfare*); la mayoría de los ciclistas, incluso los asiduos deportistas, circulan **sin cobertura** (*uninsured*)

cobro (*m*): el Tribunal Supremo investiga si el despacho de abogados intervino en el **cobro** del impuesto revolucionario (*collection*); reclamación contra las compañías de servicios por el **cobro retroactivo** del IVA (*backdated collection*); el primer control sobre el **cobro** del subsidio de desempleo desveló el fraude (*claim*)

cocainómano <-a> (*n/adj*): el número de **cocainómanos** atendidos en centros es inferior al de adictos a la heroína (*cocaine addict*)

coche (*m*): la explosión de un **coche-bomba** mata a cinco personas (*car bomb*); en sólo 48 horas, los voluntarios de la Cruz Roja llegaron con un **coche cuba** de agua potable (*water tanker*)

coco (*m*): (*fam*) estuvo toda la tarde **comiéndose el coco** (*torture oneself thinking about something*)

código (*m*): debate abierto sobre el **código de conducta** de los políticos (*code of behaviour*); el nuevo **Código Penal** liberaliza el aborto en los tres primeros meses (*Penal Code*)

cohecho (*m*): fueron detenidos porque existían indicios de que podían haber participado en un delito de **cohecho** (*bribery*)

cohesionar: la música 'rap' ha vuelto a **cohesionar** las reivindicaciones sociales y el orgullo de las minorías (*give voice to*)

coincidencia (*f*): las **coincidencias** entre los tres ponentes desaparecieron (*point of agreement*)

coinculpado <-a> (*n/adj*): sus declaraciones fueron prestadas en calidad de **coinculpado** (*joint defendant*)

colapsar [se]*: la autovía **quedó colapsada** durante varias horas (*become heavily congested*); la huelga de autobuses y los paros del metro **colapsaron** el tráfico de Madrid (*bring to a standstill*)

colapso (*m*): los cortes de tráfico provocaron en la mañana de ayer un **colapso circulatorio** (*traffic congestion*)

colectivo <-a> (*m/adj*): un **colectivo** de mujeres trabajadoras ha organizado un día de protesta pasiva (*association*); todo tenía un sentido político y **colectivo** cuando se luchaba contra Franco (*collective*); nuevo auge del **transporte colectivo** (*public transport*)

colector (*m*): brigadas municipales trabajaban en un **colector** (*main sewer*)

colega (*m/f*): (*fam*) los **colegas** de las novísimas tribus urbanas (*mate*)

colegiado <-a>: los **colegiados** de fútbol no pueden ir en vaqueros ni hablar de tú (*referee*)

colegio (*m*): amenaza de bomba en un **colegio electoral** (*polling station*)

colgado <-a> (*n/adj*): (*sl*) andaba por ahí, **colgado** y aburrido (*at a loose end*); (*sl*) tan joven y ya tan **colgada** de la heroína sin remedio (*hooked*)

colocación (*f*): se crearon un total de 9.000 **colocaciones** más que el año anterior (*job*)

colocar [se]*: (*fam*) un vendedor ambulante trataba de **colocar** su mercancía a las clientas (*sell*)

colono (*m*): los **colonos** no quieren abandonar la tierra ni con una indemnización (*tenant farmer*)

colorín (*m*): las entrevistas aparecieron en el **colorín** (*Sunday supplement*)

comercializar: los japoneses fueron los primeros en **comercializar** los videojuegos (*market*)

comercio (*m*): puso en duda las medidas que supuestamente debían proteger el **comercio interior** (*domestic trade*)

comicios (*m*) (*pl*): la prensa europea nunca había dedicado tanto espacio a unos **comicios** españoles (*election*)

comisión (*f*): el Senado estableció una **comisión de seguimiento** (*monitoring committee*); no ha sido probado que el Director General recibiera **comisiones** ilegales (*commission*)

comité (*m*): el **comité de empresa** no acepta que el cliente imponga el horario a los trabajadores (*workers' committee*)

compacto <-a> (*m/adj*): ha salido a la venta un **compacto** con los últimos éxitos de Manzanita (*compact disc*)

compás (*m*): la Alianza **está en compás de espera** hasta que el Parlamento tome una decisión (*be waiting*)

competencia (*f*): se ha discutido sobre el traspaso a la Generalitat de las **competencias** sobre espacios naturales (*sphere of responsibility granted by central State to Autonomous Government*); hay una dura **competencia** entre los canales televisivos para ganar más audiencia (*competition*); un nuevo recorte de créditos afectaría a las **competencias** profesionales (*competence*)

competencial (*adj*): la Constitución contempla la posibilidad de que todas las autonomías tengan el mismo **techo competencial** (*limit of responsibilities*)

competer: son responsabilidades que **competen** al presidente de la comisión (*be the responsibility of*)

compló (*m*): tramaron un **compló** tan sofisticado que les explotó en las manos (*conspiracy*)

comportar [se]*: **comportó** que le acusaran de un delito que no había cometido (*allow*)

compraventa (*f*): la fiscalía de Madrid descubre **compraventas** irregulares de terrenos (*buying and selling*)

30

comprobante (*m*): se recomienda conservar el **comprobante** de su compra en caso de reclamación (*receipt*)

compulsar: el título **fue compulsado** por la Universidad (*validated*)

computación (*f*): docencia e investigación en **Ciencias de la Computación e Inteligencia Artificial** (*Computing*)

computar: el PNV ha presentado al Congreso una serie de preguntas para saber si a los funcionarios se les **computa como mérito** conocer la lengua cooficial de la Autonomía (*be considered advantageous*)

comunicado (*m*): dicho grupo emitió un nuevo **comunicado** esta semana (*communiqué/press release*)

comunidad (*f*): en España hay diecisiete **comunidades autónomas** (*autonomous community*)

conato (*m*): fracasó el reciente **conato** de golpe militar en Venezuela (*attempt*)

concejal <-a>: los **concejales** de la oposición votaron a favor de la propuesta (*town/city councillor*)

concepto (*m*): los consumidores tienen que hacer frente a una larga lista de **conceptos** en el recibo (*item*); muchos ciudadanos desconocen sus derechos y no obtienen un dinero al que podrían acceder **en concepto de ayudas** (*by way of help*)

concertación (*f*): la **concertación social** es prioritaria en nuestro programa de gobierno (*social package/policies*)

concesionario <-a>: la red de **concesionarios** Citroën le ofrece precios de saldo (*agent*); fábrica de buzones desea contactar en grandes poblaciones con **concesionarios** y representantes (*distributor*)

conciencia (*f*): la ciudadanía ha poseído una gran **conciencia** cívica (*awareness*)

concienciar [se]*: según la OIT, esas fotografías pretenden **concienciar** sobre la explotación de 200 millones de niños en todo el mundo (*raise public awareness*)

concierto (*m*): es largo el camino a recorrer para alcanzar un nivel aceptable en el **concierto** estadístico mundial (*scene*)

concretar [se]*: nadie parece tener necesidad de **concretar** cuándo se pondrá fin al conflicto (*determine/specify*)

concurrencia (*f*): la **libre concurrencia** obligó a bajar los precios de los vuelos internacionales (*free trade*)

concurrir: se desconocen las circunstancias que **concurrieron** en la solución del problema (*coincide*)

concurso (*m*): la plaza **salió a concurso público** (*be advertised officially*); la constructora ganó en el **concurso público** para la adjudicación de las obras de remodelación del ferrocarril (*public tender*)

31

condena (*f*): es necesaria la **condena** pública del racismo (*condemnation*); se le impuso una **condena** de treinta años y un día (*sentence*); en Pamplona están cumpliendo **condena** en tercer grado 84 insumisos (*sentence consisting of temporary deprivation of liberty*)

condicionante (*m/adj*): los **condicionantes** financieros de la crisis económica española (*factor*)

confidente (*n/adj*): absueltos en Madrid una **confidente** y tres policías acusados de narcotráfico (*police informer*)

congelación (*f*): la **congelación de los haberes** del país agresor en bancos extranjeros empezará a tener vigencia hoy (*freezing of assets*)

congreso (*m*): el **Congreso de los Diputados** abrió un debate sobre la Ley de Seguridad Ciudadana (≈ *House of Commons*)

conjunto <-a> (*m/adj*): un **comunicado conjunto** señala que no habían podido ponerse de acuerdo (*joint communiqué*); las estaciones de esquí de Arinsal y Pal pasan a tener una **gestión conjunta** a través de la empresa Emap (*joint management*)

conjura (*f*): el Cairo desmantela una **conjura** integrista (*conspiracy/plot*)

conjurar [se]*: en Occidente, el peligro fundamentalista musulmán parece **conjurado** (*dispelled*)

consejero <-a>: el **consejero autonómico** de Interior estudia cómo mejorar la situación de los presos (*Minister in Autonomous Government*)

consejo (*m*): el Rey presidió el último **Consejo de Ministros** del verano (*Cabinet meeting*)

conseller <-a> (C): ha sido nombrado un nuevo **Conseller** de Política Territorial (*Minister in Catalan Autonomous Government*)

consensuar: opiniones tan encontradas difícilmente podrán **consensuar**se (*harmonize*)

conservación (*f*): la **conservación** del agua es vital (*preservation*)

conservador <-a> (*n/adj*): la derecha española se entrevista con las fuerzas **conservadoras** europeas (*Conservative*)

consideración (*f*): en este accidente no se registraron heridos ni daños **de consideración** (*significant*)

consistorial (*adj*): fue su última reunión en la **Casa Consistorial** (*Town/City Hall*)

consistorio (*m*): alcaldes socialistas dicen que se premia la mala gestión del **consistorio** (*Town/City Council*)

consola (*f*): la red de ordenadores se controla desde una única **consola** (*work station*)

consorcio (*m*): el **Consorcio** para el Realojamiento de la Población Marginal ha derribado 52 chabolas ilegales (*association*)

constancia (*f*): la policía **no tiene constancia** de que la familia del secuestrado haya hecho pago alguno (*not be aware of*)

constante (*f/adj*): el empate entre los dos partidos sigue siendo una **constante** en las encuestas preelectorales (*recurring feature*); (*pl*) **se mantienen las constantes vitales** del presunto contrabandista ingresado en la Unidad de Cuidados Intensivos (*remain in stable condition*)

Constitucional (*adj*): el [Tribunal] **Constitucional** bloquea los bancos públicos autonómicos (≈ *Constitutional Court in Spain*)

constitucionalidad (*f*): el Partido Popular recurrirá contra la **constitucionalidad** de la subida del IRPF (*constitutional legality*)

constituir [se]*: a finales de mes se **constituirán** las nuevas Cortes (*open*)

constituyente (*n/adj*): se anunciaron **elecciones constituyentes** en Perú para el próximo noviembre (*general election to choose a Constituent Assembly*)

consulta (*f*): la ONU inicia **consultas** sobre una posible intervención militar en la zona (*discussion*); tendrán preferencia absoluta cuando acudan a las **consultas externas** de los hospitales militares (*outpatients' department*)

consultor <-a> (*n/adj*): ocho **consultoras** se unen para ofrecer un servicio integral en toda España (*management consultancy*)

consultoría (*f*): los espías tenían órdenes de penetrar en la banca y en las **agencias de consultoría** (*advisory agency*)

consumo (*m*): vivimos entre una **oferta de consumo** galopante y un paro cada vez mayor (*choice of goods on the market*); la juventud de hoy **tiene más nivel de consumo** y son más sofisticados (*be more consumer-orientated*); notable incremento del índice de **precios al consumo** (*retail price*)

contabilizar: en un sondeo de hace 10 años no **contabilizaron** las respuestas en contra del aborto (*take account of*)

contagio (*m*): el Gobierno ha condenado públicamente estas actitudes intolerantes para evitar el **efecto de contagio** que buscan los fundamentalistas (*chain reaction*)

contaminante (*m/adj*): el origen del problema se halla en los **contaminantes atmosféricos** (*atmospheric pollutant*); los vecinos impiden la actividad de una fábrica por **residuos contaminantes** (*polluting waste*); nubes de **gases contaminantes** se esparcieron rápidamente ayudados por el viento reinante (*polluting gas*)

contemplar: el hacinamiento de las cárceles impide los fines de reeducación y reinserción social que **están contemplados** en la Constitución (*be within the ambit of*)

contención (*f*): la ejecutiva del PSOE apoya la **contención** del gasto social (*control*)

contestador (*m*): los secuestradores dejaron diversos mensajes en el **contestador automático** (*answerphone*)

continente (*m/adj*): el seguro de la casa cubre contra robo y daños por agua en el **continente** y contenido (*buildings*)

contingente (*m/adj*): el **contingente de exportación** no ha variado de forma notable en los últimos meses (*export quota*); cada país enviará un **contingente** de más de mil hombres (*contingent*)

contraanálisis (*m*): el análisis se realizó el día 1 y el **contraanálisis de verificación**, el 3 (*validity check*)

contrabando (*m*): comandante de navío presuntamente implicado en el **contrabando** de tabaco de la zona de Cádiz (*smuggling*)

contrarrestar: los últimos comunicados pretenden **contrarrestar** los efectos de la falta de comunicación (*counteract*)

contraseña (*f*): se necesita una **contraseña de usuario** para poder acceder a este tipo de información (*user password*)

contrato (*m*): en el Ministerio del Interior no existen **contratos blindados**, aquéllos con cláusulas indemnizadoras especiales (*contract that guarantees job security*); el **contrato** de trabajo doméstico puede realizarse de dos formas: por escrito o **de palabra** (*verbal contract*); Economía ha firmado 109 **contratos fuera de convenio** (*non-union agreement*)

contribuir: el Gobierno exige que la prensa **contribuya** a calmar a los venezolanos (*play a part in*)

contribuyente (*m/f*): los **contribuyentes** tienen derecho a saber adónde va su dinero (*taxpayer*); España es el noveno **contribuyente** para el sostenimiento de los cascos azules de la ONU (*contributor*)

controvertido <-a> (*adj*): la legalización de la droga es una medida **controvertida** que va ganando adeptos (*controversial*)

contundente (*adj*): las acciones **contundentes** de una dictadura a la deriva (*heavy-handed*)

convalidación (*f*): no es necesaria la **convalidación** de títulos para trabajar en Europa (*validation*)

convenio (*m*): se celebró la firma del **convenio** para remodelar la red ferroviaria de Córdoba (*agreement*); los trabajadores de la metalurgia no están de acuerdo con el **convenio laboral**; se ha firmado el sexto **convenio colectivo** entre la ONCE y su personal (*employment agreement*)

convergente (*n/adj*): el diputado **convergente** cree que España está en peligro de enfrentamiento civil (*member of CiU*)

convivir: antes de la guerra, las tres etnias **convivían** en paz (*live side by side*)

convocatoria (*f*): todas las **convocatorias electorales** que se han celebrado en esta etapa democrática, se han anticipado (*announcement of election*); se ha confirmado la **convocatoria de huelga nacional** para los días 3 y 4 de agosto (*calling of a general strike*); el periódico publica hoy la **convocatoria** para una Junta General Extraordinaria de Accionistas (*summoning*)

cónyuge (*m*): el **cónyuge** perjudicado a causa de la separación, debería recibir compensación económica (*spouse*)

cooperativa (*f*): las **cooperativas agrícolas** organizan subastas para vender los productos de los colonos (*agricultural co-operative*)

copeo (*m*) (*fam*): el **copeo**, el tabaco y las motos, principales aficiones de los jóvenes (*drinking*); todos los fines de semana se dedican a la **charla-copeo** en bares y discotecas (*chatting and drinking*)

copia (*f*): expertos en ordenadores consideran esencial conservar **copias de seguridad** (*back-up file*)

corazón (*m*): los responsables de cuatro revistas de la llamada **prensa del corazón** discutían ayer con los agentes de los novios para la exclusiva (*gossip magazines*); por primera vez en la historia, un **corazón a pilas** ha sido implantado de forma permanente (*artificial heart*)

corporativo <-a> (*adj*): sectores profesionales progresistas rechazan la **disciplina corporativa** (*corporate rules*)

corredor <-a>: esta función la cumplen a la perfección los **corredores de seguros** (*insurance broker*)

correduría (*f*): el profesional de **correduría** tiende a especializarse (*insurance brokerage*)

correo (*m*): el envío de los documentos se hizo por **correo certificado** (*recorded delivery/registered post*)

Correos (*m*) (*pl*): trabajadores de **Correos** protestan contra ETA en las capitales vascas (*Post Office*)

corresponsabilidad (*f*): la **corresponsabilidad** fiscal no pasa por ceder el 15% del IRPF a las autonomías (*joint responsibility*)

corresponsable (*n/adj*): el PP acusa a los nacionalistas de **corresponsables** en los errores del PSOE (*equally responsible*)

corresponsal (*m/f*): la **corresponsal** de TVE en Nueva York informó de la derrota electoral del gobernador (*news correspondent*)

corruptela (*f*): la clase política, enfangada en una **ristra de corruptelas**, pierde credibilidad (*string of corruption cases*); el Presidente se enorgullece de sus victorias sobre la corrupción, pero sigue sin erradicar la **cultura de la corruptela** (*sleaze*)

corte (*m*): nuevos **cortes de tráfico** en Bilbao (*road-block*); el programa televisivo tiene cuatro **cortes publicitarios** de más de diez minutos (*commercial break*)

cosechar: el líder conservador **ha cosechado** fracaso tras fracaso (*reap*)

coste (*m*): el **coste de la vida** ha subido un 8% en los últimos doce meses (*cost of living*)

costear [se]*: obtener beneficios que permitieran **costear** las obras a realizar (*finance*)

cota (*f*): los americanos no creen que el presidente pueda remontar su baja **cota de popularidad** (*level of popularity*); las **cotas** alcanzadas en el mercado señalan que el ambiente económico es saludable (*price level*); existen programas televisivos cuyas **cotas de audiencia** son incomprensiblemente elevadas (*viewing figures*)

cotarro (*m*): (*fam*) el **cotarro** político instalado en el poder ha conducido a la sociedad española a su actual extravío (*clique*)

cotización (*f*): la **cotización de la peseta** ha subido en las Bolsas extranjeras (*rate of the peseta*); el período mínimo de **cotización** para una pensión de jubilación es de quince años; miles de [trabajadores] autónomos protestan contra la subida del 12% en las **cotizaciones** de la seguridad social (*contribution*)

cotizar [se]*: la divisa estadounidense se **cotizó** a 91,7 pesetas (*be quoted*)

coto (*m*): la prisión madrileña **ha puesto coto** a ese problema (*put a stop to*); esta zona ha sido un **coto conservador** durante los últimos 25 años (*Conservative stronghold*)

coyuntura (*f*): la **coyuntura económica** no es favorable al inversor (*economic climate*); el voto se habría alterado según las **coyunturas** favorables o adversas de cada uno de los comicios (*circumstances*)

coyuntural (*adj*): el Presidente habló de medidas **coyunturales** (*opportune*)

creciente (*adj*): es pesimista respecto a las posibilidades reales de controlar el **paro creciente** (*increasing unemployment*)

crediticio <-a> (*adj*): la **inversión crediticia** total creció a una tasa del 10,6% a causa del aumento en moneda extranjera (*business lending*)

crédito (*m*): **créditos blandos** para los estudiantes sin recursos económicos (*preferential loan*); empresa editorial de **venta a crédito** necesita responsable para sección de cobros de impagados (*credit sale*); el Banco Central baja los **créditos hipotecarios** (*loan on landed property*)

crianza (*f*): los científicos ponen a punto la **crianza industrial de peces marinos** (*fish farming*)

crimen (*m*): se confesó autora del **crimen** (*murder*)

criminalidad (*f*): la **criminalidad organizada** es una de las formas crecientes de delincuencia (*racketeering*)

crispación (*f*): se adelantan las elecciones por el clima de **crispación política** (*political tension*)

crispar [se]*: la presión ciudadana **crispa** a HB (*put someone on edge*)

cronificar [se]: un tercio de los anoréxicos **se cronifican** (*remain chronically ill*)

cruce (*m*): **cruce de denuncias** entre un chófer de autobús y una pasajera (*reciprocal accusations*); el accidente tuvo lugar en el mismo **cruce** de la entrada de la población (*crossroads*)

crudo <-a> (*m/adj*): la OPEP trata de relanzar el precio del **crudo** a base de recortes en la producción (*crude oil*)

cruz gamada (*f*): neonazis alemanes profanan con **cruces gamadas** un cementerio judío (*swastika*)

cuadro (*m*): (*pl*) de aquellos jóvenes estudiantes antifranquistas, han salido los **cuadros** socialistas (*officials*); los datos proceden de un **cuadro comparativo** de los juegos de azar publicado por *El País* (*chart*)

cuajar [se]*: el Gobierno intentó un pacto con los sindicatos que no llegó a **cuajar** (*materialize*)

cuantía (*f*): la reforma del INEM prevé un recorte de la **cuantía** y duración del subsidio de paro (*amount*)

cuartelazo (*m*) (*fam*): nuevo **cuartelazo** sin consecuencias en el ejército argentino (*putsch*)

cubrir [se]*: el Ministro de Interior **cubrió** a un policía que mató a un manifestante (*cover up for*)

cuenta (*f*): se ha iniciado la **cuenta atrás**, faltan sólo 9 días para el gran acontecimiento (*countdown*); si su declaración de renta es positiva, pague más tarde con una **cuenta fiscal** (*special account for tax payments*); la **cuenta corriente** del estafador creció rápidamente (*current account*); abra una **cuenta a plazo** y olvídese del mañana (*fixed-term deposit account*); sus **cuentas de ahorro** fueron confiscadas legalmente (*savings account*); (*fam*) (*pl*) al Ministro de Economía y Hacienda **no le salen las cuentas** (*figures don't tally*); el trabajador doméstico tiene derecho a las mismas prestaciones sociales que los **trabajadores por cuenta ajena** (*employee*)

cuerda (*f*): según el portavoz del PP existe un **acuerdo bajo cuerda** entre CiU y el Gobierno (*secret pact*)

cuero (*m*): (*pl*) se bañaban **en cueros vivos** y defendían su derecho a hacerlo (*stark naked*)

cuerpo (*m*): al desaparecer el maletín con el dinero, desapareció el **cuerpo del delito** (*evidence*); (*fam*) las mujeres entran en el **cuerpo** por tradición familiar (*Civil Guard*); lo dijo un portavoz del **Cuerpo Superior de Policía** (*Police Inspectorate*); el Ministerio del Interior ha ordenado la movilización de los **cuerpos policiales** (*police force*)

cuestación (*f*): se ha llevado a cabo una **cuestación** popular para un niño con leucemia (*collection*)

culebrón (*m*): (*fam*) los **culebrones** televisivos dicen alimentarse de personajes y dramas auténticos (*soap opera from Latin America*); la situación política del país vecino parece haberse convertido en un largo **culebrón** político (*saga*)

cumbre (*f*): la **cumbre** iberoamericana condena el golpismo y el proteccionismo (*summit meeting*)

cundir: el fantasma de la guerra civil **hace cundir** el pánico en Nigeria (*spread*)

cuña (*f*): el corto tiempo de una **cuña publicitaria** puede cansar al telespectador (*publicity slot*)

cuñadismo (*m*): el periodista dijo bromeando que en España el **cuñadismo** parecía haberse convertido en una sólida institución política (*allowing preferment in political or financial dealings to one's brother-or sister-in-law*)

cuota (*f*): el primer año deberá pagar 14 **cuotas** de 29.900 pesetas y en cuatro años su coche estará pagado (*instalment*); los productores de tabaco reclaman una **cuota** individual **de producción** (*production quota*); la diputada rechaza que haya **mujeres-cuota** en su partido (*allocation of a certain quota to female candidates*)

cupo (*m*): nuevo plan de **cupos** laborales, de carácter temporal o permanente, para los inmigrantes; cada delegación tiene un **cupo** máximo de 20 personas (*quota*)

cupón (*m*): el **cupón de pedido** se envió el día 5 de diciembre (*order form*); el **cupón** de la ONCE premiado hoy es el 167 (*daily lottery ticket*)

cúpula (*f*): la **cúpula** del partido se reunió a puerta cerrada (*Executive*); toda la **cúpula militar** asistió al acto solemne (*Chiefs of Staff*); la nueva **cúpula** de ETA reside en París (*leadership*)

cura (*m/f*): las multas por drogarse se podrán compensar con **curas de desintoxicación** (*detoxification treatment*)

currar (*fam*): ¡Basta de vivir para **currar!** (*slog away*)

cursar: 40.000 extranjeros **cursan** la enseñanza obligatoria en España (*study*)

curso (*m*): los Jefes de Estado y de Gobierno europeos no dieron ninguna sorpresa al decidir las grandes orientaciones de política económica para el **curso** que viene (*term*); problemas de marginación para niños con sida al comienzo del **curso escolar** (*academic year*)

curtir [se]*: es el típico chaval **curtido en la calle** (*streetwise*)

curva (*f*): ascenso notable en las **curvas de rentabilidad** (*break-even curve*)

custodia (*f*): le **pusieron bajo custodia de la ley** (*take someone into custody*)

custodiar: policías y guardias civiles **custodiarán** permanentemente las embajadas españolas (*guard*) cutre (*n*/*adj*) (*fam*): era un trato un poco **cutre**, pero era mejor que nada (*shoddy*); vivía en una calle muy **cutre** (*sleazy*)

D

dactilar (*adj*): una **huella dactilar**, única pista que tiene la policía de los asesinos del abogado (*fingerprint*)

daño (*m*): frenar el **daño** de los gases refrigeradores en la atmósfera será una de sus prioridades (*harm*)

dar [se]*: el Presidente **da por zanjada** la lucha interna y señala la prioridad del pacto social (*put an end to*)

dato (*m*): (*pl*) se trata de un **sistema de gestión de base de datos** (*database management system*); se estaba a la espera de **datos** más fiables para poder tomar una decisión (*data*); ahí queda el **dato** preocupante de que el 55% de la población votó a su favor (*fact*)

debú (*m*): el **debú** olímpico de los españoles fue prometedor (*début*)

debutar: el novillero **debuta** hoy en la plaza de toros de Las Ventas de Madrid (*make one's début*)

declaración (*f*): las últimas **declaraciones** del ministro no dejan lugar a dudas (*statement*); el juez manifestó que es viable que A.G. pueda **prestar declaración** (*give evidence*); la **declaración de la renta** se aplaza hasta septiembre (≈ *tax return*)

declarado <-a> (*adj*): el ministro danés es un pacifista **declarado** (*self-confessed*)

declarar [se]*: fue trasladado a Santiago para **declarar** ante el juez (*testify*)

declive (*m*): la intolerancia religiosa causa el **declive** del cristianismo en el Oriente Próximo (*decline*)

decomisar: la policía **decomisa** más de 60.000 dosis de heroína en Vigo (*seize*)

dedo (*m*): el INEM denuncia **contratos a dedo** (*jobs for the boys*)

defecto (*m*): el juicio contra un joven se repitió por **defectos de forma** en el primero, del que salió absuelto (*procedural irregularity*)

defectuoso <-a> (*adj*): una conocida marca de cerveza tendrá que retirar 70.000 botellas **defectuosas** del mercado español (*faulty*)

defenestración (*f*): la **defenestración** del comunismo asombró al mundo (*ousting*)

Defensor <-a> **del Pueblo**: el **Defensor del Pueblo** critica el rechazo social que reciben los inmigrantes (*Ombudsman*)

déficit (*m*): el objetivo que persigue el Ejecutivo es la reducción del **déficit público** (*public deficit*); España debe invertir tres billones de pesetas para controlar el **déficit de agua** (*water shortage*)

deficitario <-a> (*adj*): las empresas **deficitarias** recibirán un trato flexible (*running a deficit*)

deformación (*f*): no hay que estar obsesionado con el trabajo para sufrir **deformación profesional** (*inability to shake off one's professional habits*)

defraudador <-a> (*n/adj*): muy pocos **defraudadores** temen ir a la cárcel por delito fiscal (*tax evader*); según las declaraciones de la Directora General de Farmacia, muchos jubilados podríamos ser **defraudadores** por el simple hecho de usar nuestra cartilla de la Seguridad Social (*cheat*)

defraudar: un juez será investigado a causa de su vinculación a una empresa que **defraudó a Hacienda** (*evade taxes*)

delantera (*f*): los partidos del 'no' a la Unión Europea **recuperan la delantera** en Suecia (*regain the upper hand*)

Delegación (*f*): la **Delegación de Sanidad** en Guipúzcoa ha hecho declaraciones a la prensa (≈ *Local Health Authority*)

delincuencia (*f*): en algunas zonas la **delincuencia** no ha dejado de empeorar desde hace diez años (*crime*)

delito (*m*): no es **delito** que los abogados mantengan a los presos en las cárceles (*crime*); el Gobierno vasco ha denunciado a cinco miembros de HB por **delitos de injurias**; el nuevo Código Penal ha suavizado la regulación de los **delitos de opinión** (*offensive statement*); distintos líderes rechazan incluir en el proceso de reinserción a presos con **delitos de sangre** (*violent crime*); la juez imputa un **delito de prevaricación** al ex director de Carreteras (*prevarication*)

demanda (*f*): los vinos de calidad encuentran una **demanda** creciente en los jóvenes (*demand*); la víctima **ha cursado una demanda judicial** contra su agresor (≈ *take a civil action against*); la endeblez de la **demanda de extradición** motiva la libertad del acusado (*request for extradition*)

denegación (*f*): el juez confirma la **denegación del procesamiento** de un ex diplomático (*dismissal of case*)

denigrante (*adj*): los estibadores del muelle fueron los primeros que se dieron cuenta de la **denigrante** situación de los polizones (*humiliating*)

denominación (*f*): el número de jamones con el marchamo de la **denominación de origen** es actualmente de unos 100.000 (*guarantee of quality and provenance*)

deparar: los beneficios que **deparan** los videojuegos son tres veces más altos que los obtenidos por la venta de consolas (*provide*)

depositante (*m/f*): aviso para los **depositantes** del Banco Europeo de Finanzas, S.A. (*depositor*)

depósito (*m*): requisadas todas las mercancías **en depósito** (*in bond*); Cataluña es la Comunidad Autónoma con más **depósitos bancarios** (*bank deposit account*)

depreciar [se]*: el Gobernador del Banco de España es contrario a **depreciar** la peseta (*devalue*)

depurador <-a> (*n/adj*): la nueva **planta depuradora** permitirá eliminar el 60% de los residuos de materia orgánica (*sewage-treatment plant*)

depurar [se]*: **depurar** aguas residuales es un proceso costoso (*treat*)

derechista (*n/adj*): el ala más **derechista** del partido se ha hecho con el Gobierno (*right-wing*)

derecho <-a> (*n/adj*): sesenta catedráticos de **Derecho Penal**, magistrados y criminalistas elaboraron un Manifiesto por una Nueva Política sobre la Droga (*Criminal Law*); nadie **tiene derecho** a interferir en la vida privada de los demás (*have the right*); (*pl*) cuatro policías blancos que apalearon a un hombre negro fueron procesados por violar los **derechos civiles** (*civil rights*); (*pl*) las noticias sobre violaciones masivas de los **derechos humanos** llenan nuestros periódicos todos los días (*human rights*); no **tenía derecho a una jubilación** digna después de trabajar toda la vida (*be eligible for a pension*); (*pl*) C.M. ha de pagar al estado francés los **derechos de sucesión** de la herencia de su madre (*death duties*); la **derecha** ha perdido las elecciones otra vez (*right wing*)

deriva (*f*): la Royal Navy es una institución **a la deriva** (*adrift*)

derogación (*f*): el presidente pidió ayer la **derogación** de la resolución que equipara sionismo con racismo (*annulment*)

derogar: la propuesta de **derogar** la ley por inconstitucionalidad salió del propio partido gubernamental (*annul*)

derrame (*m*): los **derrames** de líquidos resultan muy peligrosos en determinados sectores industriales (*spillage*)

derribar [se]*: EE UU **derribará** todo avión iraquí que sobrevuele el sur del país (*shoot down*)

derrocar: ha muerto uno de los militares que **derrocaron** al ex presidente argentino (*bring down*)

derroche (*m*): el país atraviesa una crisis por el **derroche** de haber vivido por encima de nuestras posibilidades (*extravagance*); el **derroche de energía** no aumenta la calidad de vida (*over-consumption of energy*)

desacato (*m*): la fiscalía del Estado confirmó la presentación de sendas querellas por **desacato** contra dos dirigentes de HB (*contempt*); fue instado a presentarse antes de mañana, so pena de **ser procesado por desacato** (*being tried for contempt of court*)

desaceleración (*f*): el consumo público presentará una notable **desaceleración** respecto de los valores alcanzados en los últimos años (*slowing down*)

desactivar [se]*: la policía italiana **desactiva** en Nápoles dos bombas caseras (*defuse*)

desafiante (*adj*): su actitud **desafiante** se ha mantenido inalterable (*defiant*)

desafiar [se]*: dos atracadores **desafiaron** el fuerte despliegue policial y robaron el banco (*challenge*)

desagravio (*m*): se celebró un partido de futbol entre las dos ciudades rivales **como desagravio** (*as a conciliatory gesture*)

desaguar [se]*: lo que mata al Mediterráneo es el detergente de millones de lavadoras que **desaguan** aquí sin parar (*drain*)

desaguisado (*m*): los culpables del **desaguisado** son el Gobierno y la industria maderera (*wrongdoing*); es el primer esfuerzo honesto para acabar con el **desaguisado** empresarial que se ha generado en el INI a lo largo del último quinquenio (*mess*)

desahuciado <-a> (*n/adj*): enfermos **desahuciados** que reciben tratamiento enteramente gratuito (*terminally ill*)

desajuste (*m*): superados los **desajustes** de los primeros días, todo lo demás han sido menudencias (*hitch*); existe un **desajuste** entre la forma como lo enfocan los comerciantes y la actitud de la policía (*discrepancy*)

desalojar: una explosión de origen desconocido obliga a **desalojar** a 26 familias (*evacuate*); al grito de '**desalojen el local**', se inició la gran desbandada (*clear the premises*); **fueron desalojados** por no satisfacer las mensualidades (*evicted*)

desalojo (*m*): los inmigrantes portugueses no se van pese a la **orden de desalojo** (*eviction order*); los empleados de la fábrica mantienen el encierro a pesar del **desalojo policial** (*order to vacate premises*)

desánimo (*m*): **desánimo** en los medios políticos vascos tras el último atentado (*disillusionment*)

desaprensivo <-a> (*n/adj*): mucha lluvia ácida y la tala **desaprensiva** de árboles han destruido millones de hectáreas de bosque (*unscrupulous*)

desarbolar: el asesinato de Carrero Blanco no acabó con el franquismo, pero sí contribuyó a **desarbolar** a Franco (*cripple*)

desarrollismo (*m*): el **desarrollismo** y la cultura del consumo crearon en los años 60 una leyenda sobre las virtudes del trabajo (*development mentality*)

desarticular [se]*: **desarticulada** una red que operaba con tarjetas de crédito falsas (*broken up*)

desatar [se]*: la conferencia de paz **desata** la guerra entre el presidente y el primer ministro (*unleash*)

desautorizar [se]*: el jefe del puerto **desautorizó** la entrada del buque panameño (*forbid*); el ex ministro **fue desautorizado** ayer por miembros de su propio partido (*discredited*)

desavenencia (*f*): los cardenales habían tenido algunas **desavenencias** (*difference of opinion*)

desbancar: la oposición negocia un acuerdo sobre cómo **desbancarlo** del poder (*topple*)

desbandada (*f*): se reunieron para decidir cuándo debían dejar de atacar al ejército iraquí **en desbandada** (*routed*)

desbarajuste (*m*): poco pudo contra ese **desbarajuste** el sistema antiniebla instalado en el aeropuerto (*shambles*)

desbloquear [se]*: Ottawa anuncia un compromiso provisional para **desbloquear** la reforma del Senado (*facilitate*); el ministro ha conseguido que el Gobierno **desbloquee** créditos para la compra de material militar (*unfreeze*)

desbocar [se]*: la inflación **se desboca** en enero (*get out of control*)

desbordar [se]*: la pasión por este equipo **desborda** la tradición olímpica (*go beyond*); el gasto público **desbordará** en más de dos billones lo previsto para este año (*exceed*)

descalabro (*m*): un texto interno de ETA defiende soluciones dialogantes para evitar el **descalabro** (*collapse*); la peseta sufre otro **descalabro** y queda en manos del Bundesbank (*setback*)

descalificar [se]*: jueces y fiscales **descalifican** la Ley de Seguridad Ciudadana (*undermine*)

descarga (*f*): ecologistas vascos tratarán de impedir la **descarga** de residuos tóxicos en Bilbao (*unloading*)

descargar [se]*: **descargar las tensiones** no siempre resulta fácil (*relieve tension*); el médico acusado de inducir a sus pacientes al suicidio **ha sido descargado** de las acusaciones de asesinato (*discharged*)

descarnar [se]*: señaló el lugar en donde habían rebotado las balas en el asfalto **descarnado** (*bare*)

descartable (*adj*): **no es descartable** una caída en los próximos meses de la tasa de crecimiento (*not be out of the question*)

descartar [se]*: el presidente no **descarta** su dimisión tras el referéndum (*rule out*); se **descartó** la propuesta de levantar el embargo (*rejected*)

descenso (*m*): la Bolsa de Barcelona bajó ayer en una sesión de **descensos** generalizados (*fall*)

descerrajar: me quejé ante la alcaldesa de que **hubieran descerrajado** mis dependencias (*make forced entry into*)

descomposición (*f*): asistimos a la **descomposición** del imperio soviético (*fragmentation*)

desconcierto (*m*): el **desconcierto** frena la caída de la Bolsa (*unease/ disquiet*)

desconectar [se]*: con el sistema **desconectado**, no hubo forma de obtener información (*off-line*)

desconfiar: los sindicatos **desconfían** de la fuerte caída del paro en julio (*be suspicious of*)

desconvocar: los trabajadores de aduanas **han desconvocado** la huelga prevista para mañana (*call off*)

descubierto <-a> (*m/adj*): el PP propone rebajar a la mitad los intereses de los **descubiertos** en la banca (*overdraft/overdrawn account*)

descuelgue (*m*): Gran Bretaña está dispuesta a retirarse del acuerdo si no se le reconoce una **cláusula de descuelgue** general (*opt-out clause*)

descuento (*m*): los nuevos **tipos de descuento** animan a los constructores (*bank discount rate*)

desdecir [se]*: el alcalde tuvo que **desdecirse** de sus improvisadas declaraciones (*take back*)

desembocar: las tensiones entre los seguidores de los dos equipos **desembocaron** en una batalla campal (*result in*)

desempatar: los dos candidatos a la Presidencia confían en **desempatar** en el debate televisivo (*resolve the tie-break*)

desempleo (*m*): el aumento del gasto en **desempleo** se debe a la rotación de la mano de obra (*unemployment*)

desencadenar [se]*: el asesinato **ha desencadenado** una reacción unánime de repulsa (*unleash*)

desencuentro (*m*): con el **desencuentro** en la izquierda, el PP tiene el campo libre (*discord*)

desentender [se]: la oposición acusa al Ayuntamiento de **desentenderse** de los servicios municipales privatizados (*wash one's hands of*)

desestimar: un alto tribunal británico **desestima** un recurso contra Maastricht (*reject*)

desfalco (*m*): **desfalco** de cincuenta millones de pesetas en la recaudación de impuestos (*embezzlement*)

desfase (*m*): se han invertido 21.500 millones de pesetas, con un **desfase presupuestario** de casi 10.000 millones (*budget imbalance*)

desgañitar [se]: el ministro dijo que aunque **se desgañitaran** no habría elecciones anticipadas (*make oneself hoarse*)

desgastar [se]*: la palabra socialismo **se desgasta** pero no la voluntad de justicia social que expresa (*become out of date*)

44

desgaste (*m*): el **desgaste** del gobierno tras tantos años en el poder es evidente (*fatigue*); los resultados muestran el **desgaste** de un voto que mira hacia el pasado (*erosion*)

desgravación (*f*): con este Plan de Inversión Personal, Ud. puede conseguir un 10% de **desgravación** (*tax relief*)

desgravar: los costes laborales y profesionales **desgravan** (*be tax-allowable*)

desheredado <-a> (*n/adj*): el instinto llamaba a la lucha a estas masas **desheredadas**, jóvenes extremistas y parados sin perspectiva (*disinherited*)

deshinchamiento (*m*): estamos en el proceso de **deshinchamiento** de un globo de precios producido en los últimos meses (*deflating*)

desintegrar [se]*: la URSS **se desintegró** antes de lo previsto (*break up*)

deslizamiento (*m*): el progresivo **deslizamiento** del dólar en los últimos años ha actuado en sentido inverso (*steady slide*)

desmadre (*m*) (*fam*): la fiesta terminó en un auténtico **desmadre**; la situación económica agravada por el **desmadre** del gasto público (*shambles*)

desmán (*m*): el escape de dióxido de azufre en Baracaldo coincide con otros **desmanes** del progreso (*madness*)

desmantelamiento (*m*): ordenó el **desmantelamiento** de un cuerpo de élite de la Guardia Civil encargado del narcotráfico (*disbanding*); el **desmantelamiento** del comunismo en Bulgaria resultó más difícil de lo previsto (*dismantling*)

desmantelar: la trama **fue desmantelada** en la operación policial (*uncovered*)

desmarcar [se]*: el ministro **se desmarca** de los problemas internos del PSOE (*distance oneself from*)

desnudar [se]*: los diputados, uno tras otro, consiguieron **desnudar** al banquero (*force someone to own up*)

desnutrición (*f*): millones de seres morirán de **desnutrición** si no se pone pronto remedio a la situación africana (*malnutrition*)

desoír: el gobierno **desoye** denuncias de la ONU por malos tratos (*turn a deaf ear to*)

despachar [se]*: no cabe **despachar** la violencia con simples acusaciones de autoritarismo reaccionario (*dismiss*)

despedir [se]*: **se despidió** de sus colaboradores y apenas quiso hablar con la prensa (*take one's leave*); más de 500 obreros **han sido despedidos** de la planta de fabricación (*made redundant*)

despegar [se]*: el cine tiene que abrirse a nuevos inversores y **despegarse** de las subvenciones oficiales (*break away*)

despegue (*m*): hemos asistido al **despegue** de los nacionalismos en España (*surge*)

despejar [se]*: el candidato de la derecha necesita **despejar las dudas** del electorado para que la victoria se incline de su lado (*dispel doubts*)

despellejar [se]*: en los estrechos pasillos del mundo del cine se ha convertido en un deporte **despellejar** el viejo decreto (*rubbish*)

despenalización (*f*): el tribunal dio paso a una **despenalización** del aborto similar a la británica (*decriminalization*)

desperdicio (*m*): está prohibido tirar **desperdicios** desde la ventanilla (*rubbish*)

despersonalizar [se]*: Cultura **despersonaliza** la dirección del Museo Reina Sofía con el nombramiento de un político (*neutralize*)

despido (*m*): se han producido más de mil **despidos** desde que empezó la crisis del sector (*redundancy*)

despilfarro (*m*): en tiempos de crisis, evitemos el **despilfarro** (*squandering*)

desplante (*m*): **desplante** nacionalista y regional a la celebración del XV aniversario de la Constitución (*cold shoulder*)

desplazado <-a> (*n/adj*): la llegada de millones de **desplazados** tiene un fuerte impacto económico y medioambiental en los países de acogida (*refugee*)

desplegar [se]*: más de mil soldados españoles **desplegados** en la zona de guerra (*deployed*)

despliegue (*m*): nuevas propuestas prevén el **despliegue** de tropas (*deployment*); a través de un gran **despliegue publicitario**, la campaña tendrá una duración de 6 semanas (*publicity splash*)

desplomar [se]*: el dólar **se desploma** a pesar de la intervención de 18 bancos centrales (*plummet*)

despotricar: la prensa, ávida de noticias en estos tiempos de sequía informativa, ha aprovechado para **despotricar** contra los ministros que estaban ya de vacaciones (*rant and rave*)

desprendimiento (*m*): allí había una señal de peligro de **desprendimiento de tierras** (*landslide*)

desquite (*m*): las antiguas víctimas de la discriminación **se han tomado el desquite** (*get one's own back*)

destacar [se]*: los socialistas **destacan** que la reforma de la Constitución subraya el destino europeo de España (*emphasize*); los militares de la ONU **destacados** en la zona manifiestan un cauto optimismo sobre las posibilidades de paz (*deployed*)

destapar [se]*: la policía pinchó diez teléfonos para **destapar** el escándalo (*uncover*); el PRI **destapa** al ministro para el Desarrollo Social como candidato a presidente de México (*unveil*)

destape (*m*): uno de los signos de la libertad de prensa durante la transición a la democracia, fue el **destape** (*appearance of nude models in the media*)

destiempo, a (*adv*): despiden al bailarín con aplausos **a destiempo** (*inopportune*)

destinar: el Gobierno **destinará** cerca de 10.000 millones de pesetas para paliar los efectos de la sequía (*earmark*)

destitución (*f*): más **destituciones** en Colombia después de la fuga del narcotraficante (*dismissal from office*)

desunión (*f*): a la Reina le preocupa la **desunión** de Europa (*lack of harmony*)

desvalijar: los riesgos de **ser desvalijado** estando de vacaciones han disminuido (*be robbed*)

desvelar [se]*: la juez **ha desvelado** la existencia de una supuesta trama de corrupción judicial (*uncover*)

desvertebrar: los planes de infraestructura viaria **desvertebran** Euskadi (*break the backbone of*)

desviación (*f*): se han escrito ríos de tinta tratando de la **desviación de poder** en que a menudo incurre la Administración (*action taken ultra vires*)

desvío (*m*): el PP le acusó de propiciar el **desvío de fondos** hacia presuntos delincuentes (*embezzlement*); la autopista A-66 fue cortada en el kilómetro 2, junto al **desvío** de Tresmañes (*road leading off to*)

desvirtuar [se]*: la Caravana por la Paz no quiere contactar con legionarios que **desvirtúen** su mensaje de paz (*distort*)

detección (*f*): nuevo método para la **detección precoz** del cáncer de piel (*early detection*)

detener [se]*: **ha sido detenida** una familia que ocultaba a un etarra (*arrested*)

detenido <-a> (*n/adj*): los jueces investigan la muerte de un **detenido** en un centro de la Ertzaintza (*person in custody*)

deteriorar [se]*: la división del partido **ha deteriorado** la autoridad del Presidente (*weaken*)

deterioro (*m*): los países desarrollados son los responsables del **deterioro ecológico** de la Tierra (*ecological decline*); **deterioro** del partido gubernamental minado por la corrupción y el ascenso de la oposición (*weakening*)

deuda (*f*): el problema de la **deuda interna** está en manos del nuevo Gobierno (*national debt*); los extranjeros venden **deuda pública** mientras la peseta se debilita (*government stock*)

día (*m*): los candidatos aprovecharon el **día de reflexión** para descansar (*24-hour period of reflection before an election day in Spain*)

Diada (*f*) (C): el once de septiembre se celebra la **Diada Nacional de Cataluña** (*National Day of Catalonia*)

dialogar: el Gobierno **está dispuesto a dialogar** con todas las fuerzas políticas (*be open to discussions*)

diálogo (*m*): las negociaciones se han convertido en un **diálogo de besugos** (*dialogue of the deaf*)

diario <-a> (*m/adj*): en Cataluña se publican diversos **diarios** enteramente en catalán (*daily newspaper*)

dictamen (*m*): el Consejo Escolar emitió un **dictamen** al final de la reunión (*report*)

diestro <-a> (*n/adj*): los usos sociales hacen que los zurdos vivan menos que los **diestros** (*right-handed person*)

dieta (*f*): altos cargos de la Xunta se reparten cien millones en **dietas** (*expenses*)

diferir: al margen del efecto directo hay otras **consecuencias diferidas** (*long-term repercussions*); el partido de tenis se **retransmitió en diferido** (*broadcast/shown later*)

difundir [se]*: la operación para detener a 20 narcos **fue difundida** por la prensa gallega antes de que se llevara a cabo (*broadcast*)

difusión (*f*): la edición diaria de *El País* aumentó su diferencia en **difusión** respecto a otros periódicos españoles (*distribution*)

digital (*adj*): **huellas digitales** que condujeron a la policía hasta el asesino (*fingerprint*)

dilatorio <-a> (*f/adj*): niega que la actuación de los letrados corresponda a una **estrategia dilatoria** determinada (*delaying tactics*)

diler (*m*) (*sl*): en una esquina de la Gran Vía madrileña, más de 40 **dilers** ofrecían drogas para todos los gustos (*drug pusher*)

diligencia (*f*): (*pl*) la Guardia Municipal **abrió diligencias** contra tres vecinos de la localidad (*start inquiries*); (*pl*) eran los responsables de las **diligencias** que condujeron a la sentencia del pasado mes (*legal formalities*); (*pl*) la jueza de guardia de Granada **instruía diligencias penales** por un presunto delito de incendio (*open an enquiry*)

dimisión (*f*): el director de la cárcel presentó la **dimisión** por motivos de salud (*resignation*)

dimisionario <-a> (*n/adj*): el **ministro dimisionario** dijo que quien no tuviera trapos sucios que asumiera el gobierno (*minister who has resigned*)

dinamizar: es un banco fuerte y está dispuesto a **dinamizar** la economía española (*inject new life into*)

diputado <-a>: el Congreso levantará el secreto sobre las actividades económicas de los **diputados** (*Member of Parliament*)

dirección (*f*): por primera vez su prestigio personal resultó insuficiente para convencer a la **dirección** socialista (*Executive*)

director <-a> (*n/adj*): importante grupo de aguas minerales precisa nuevo **director gerente** (*managing director*)

directriz (*f*): Wall Street espera las **directrices económicas** (*economic guidelines*)

dirigente (*m/f*): se reunieron los **dirigentes del partido** para intentar solucionar la crisis (*Executive*); los **dirigentes** políticos vascos parecen dispuestos al diálogo (*leader*)

disciplina (*f*): está dispuesto a que sus parlamentarios rompan la **disciplina de voto** del grupo catalán si no se aprueba el uso de su lengua vernácula en el senado (*three-line whip*)

discontinuo <-a> (*adj*): la aprobación de los despidos lesiona gravemente los derechos de los trabajadores fijos y **discontinuos** (*occasional*)

discrepar: los agricultores **discrepan** sobre el corte de carreteras en la Operación Retorno (*disagree*)

disminución (*f*): la caída del PIB ha venido determinada por una fuerte **disminución** de la inversión (*fall*)

disminuido <-a> (*n/adj*): la aceptación de los **disminuidos psíquicos** en el aula es buena y esperanzadora (*person who is intellectually impaired*); el Ayuntamiento reorganiza el transporte de **disminuidos físicos** (*person who is mobility-impaired*)

dispar (*adj*): se viene observando una evolución muy **dispar** en la economía (*uneven*)

disponer [se]*: la ONU **se dispone** a autorizar el uso de la fuerza (*get ready to*); no **disponía** de todo lo necesario para realizar la operación quirúrgica (*have available*)

disposición (*f*): **pasó a disposición judicial** y fue condenada a cuatro años de cárcel (*appear in court*); el nuevo gobierno muestra buena **disposición** hacia los refugiados (*attitude*)

dispositivo (*m*): se establecerá un **dispositivo** central de salida hacia Francia en la estación de autobuses (*control point*)

distancia (*f*): el **curso a distancia** para aprender taquigrafía vale 40.000 pesetas (*correspondence course*)

distribuidor <-a> (*n/adj*): empresa de alimentación solicita **distribuidores** en todo el territorio nacional (*agent*)

disyuntiva (*f*): nos enfrentamos a la **disyuntiva** de aceptar que el subsidio por desempleo sea inferior al antiguo salario (*dilemma*)

divisa (*f*): las mejores ofertas en renta fija son los **fondos de inversión en divisas** (*foreign-investment funds*); España es la quinta potencia mundial en **reservas de divisas** (*foreign-currency reserves*); el Banco de Rusia autorizó el **cambio libre de divisas** (*free-exchange market*)

doblegar [se]*: el Presidente avisa a los sindicatos que no le **doblegarán** (*make someone give in*)

docente (*n/adj*): muchos **docentes** se quejan de la falta de ayuda estatal (*teacher*); los **centros docentes** estatales tienen las mejores instalaciones deportivas (*educational establishment*); el **personal docente** no está de acuerdo con el horario partido (*teaching staff*)

documentación (*f*): fue arrestado no sólo por no llevar la **documentación del coche** en regla, sino por agredir al policía (*vehicle-registration documents*)

domiciliar [se]*: al **domiciliar** su sueldo o pensión en una de nuestras oficinas, entrará en los sorteos de viajes (*pay direct into bank account*)

domiciliario <-a> (*n/adj*): se trata de empresas cuyo canal de acceso al cliente es la **venta domiciliaria** (*door-to-door sales*)

domicilio (*m*): los centros de negocios ofrecen **domicilios comerciales compartidos** a nuevas empresas (*shared premises*); **fijó su domicilio** cerca de su lugar de trabajo (*set up residence*); los madrileños **sin domicilio fijo** rastrean las calles (*homeless*)

dominical (*adj*): en la **edición dominical**, el incremento de ventas del periódico ha sido muy importante (*Sunday edition*)

dotación (*f*): la **dotación** de la ambulancia está compuesta por un médico, un enfermero y un conductor (*crew*); **dotación** a los órganos jurisdiccionales de sistemas informáticos con aplicaciones específicas para juicios rápidos (*provision*)

dotar: el plan consistirá en **dotar** de oficiales de seguridad a las embajadas españolas (*equip*)

drenaje (*m*): se está produciendo un **drenaje** de todo tipo de profesiones y expertos hacia los países occidentales (*drain*)

droga (*f*): alarma ante el aumento de consumo de 'éxtasis', una **droga de diseño** que suscita menor temor entre los jóvenes (*designer drug*)

drogodependencia (*f*): la **drogodependencia** es tan mental como física (*drug addiction*)

duradero <-a> (*adj*): el banco afirma que el inicio de la recuperación se apoya en el consumo de **bienes duraderos** (*durable goods*)

duro <-a> (*n/adj*): (*fam*) nadie da **duros** a cuatro pesetas (*five-peseta coin*)

E

ecoauditoría (*f*): la secretaría de Estado de Medio Ambiente pretende realizar **ecoauditorías** a las empresas (*pollution inspection*)

ecografía (*f*): se le practicó una **ecografía** en Madrid (*ultrasound scan*)

economía (*f*): nadie niega la importancia de la **economía sumergida** (*black economy*); se ha introducido la **economía de mercado** en Rusia (*market economy*); los vecinos creen que no se tiene en cuenta a los afectados con **economías modestas** (*limited resources*)

ecoproducto (*m*): España va a la cola de Europa en uso y fabricación de **ecoproductos** (*environmentally friendly product*)

edad (*f*): distintas instituciones y organizaciones se sentarán a reflexionar sobre las dificultades por las que atraviesa el colectivo de **personas de la tercera edad** (*senior citizen*)

edición (*f*): el mundo de la **edición** tiende cada vez más a saltar fronteras (*publishing*)

edil <-a>: su misión consiste en recordar al **primer edil** el incumplimiento del convenio municipal (*mayor*)

edulcorante (*m*): Bayer retira el **edulcorante** líquido por defectuoso (*sweetener*)

efectista (*adj*): el audiovisual que verán los visitantes es muy **efectista** (*sensational*)

efectivo (*m*/*adj*): se obtuvo **dinero en efectivo** adicional (*cash*); (*pl*) no hay estructura ni **efectivos** humanos o económicos (*resources*); (*pl*) eran rescatados por **efectivos de bomberos** los cuerpos sin vida, aplastados en el hundimiento (*firefighter*); (*pl*) la policía de fronteras alemana aumentó en 1.700 sus **efectivos** (*personnel*); se ha ampliado al 15 de febrero la fecha para **hacer efectivo** el segundo plazo de las matrículas (*pay*); al ir a **hacer**los **efectivos** se encontraron con que los talones no estaban dotados de fondos (*cash*/*pay in*)

efecto (*m*): comprar una empresa mediante el llamado **efecto palanca** consiste en el empleo de un mínimo de fondos propios y créditos masivos (*leverage buy-out*); ha bajado el mercado de **efectos cotizables** (*listed commodity*); (*pl*) **a efectos oficiales** este problema no existe (*officially*); (*pl*) **a efectos prácticos** la cláusula supone un cierre de las fronteras (*to all intents and purposes*); el nuevo medicamento tiene **efectos colaterales** (*side-effect*)

eje (*m*): el papel de los nacionalistas fue el **eje central** del primer acto pre-electoral (*main theme*)

ejecutivo <-a> (*n*/*adj*): el **Ejecutivo** tomó controvertidas decisiones (*Cabinet*); todos los **ejecutivos** de la empresa asistieron a la reunión (*executive*); la **Ejecutiva** del PSOE, reunida a puerta cerrada, tomó la decisión (*Executive Committee*)

ejercicio (*m*): en este **ejercicio social** se han registrado muchos cambios fiscales (*business year*)

elección (*f*): las **elecciones legislativas** serán el 6 de junio (*General Election*); el primer ministro sufre una humillación histórica en una **elección parcial** (*by-election*)

electoralismo (*m*): reclamó a todas las formaciones que no hicieran **electoralismo** con la paz (*electioneering*)

electrodoméstico (*m*): grandes rebajas en **electrodomésticos** (*electrical appliance*)

elevar [se]*: **eleva el listón de sus exigencias** para apoyar al Gobierno (*increase one's demands*)

embargar: la prohibición legal de **embargar** las pensiones de los mutilados ha sido declarada inconstitucional (*suspend*); las propiedades podrían **ser embargadas** por orden judicial (*be seized/sequestrated*); el juez le ha impuesto a J.R. una fianza de 10.000 millones, que deberá pagar si no quiere que sus **bienes sean embargados** (*have one's goods and chattels seized*)

emisión (*f*): está a la venta una nueva **emisión de acciones precolocadas** (*presold share issue*); parece que todo el mundo de estos mercados está interesado en la ampliación del número de **emisiones de renta fija** a largo plazo (*fixed-interest security/bond*); existen por esta época las llamadas **emisiones con bonificación fiscal** (*tax-discountable security/bond*); el grupo italiano Fininvest ha facturado 55.000 millones de pesetas a Tele 5, en concepto de **derechos de emisión** (*broadcasting rights*)

empadronamiento (*m*): la ventanilla de **empadronamiento** inmediato registró grandes colas (*enrolment in the electoral census*)

empadronar [se]*: muchos electores no estaban en las listas, a pesar de **estar empadronados** (*be registered in the census*)

empantanar [se]*: la empresa ha dejado allí dos torres **empantanadas** de veintisiete pisos (*marooned*)

empañar [se]*: la corrupción puede **empañar** la vida democrática de una sociedad (*sully*)

empapelar: éramos unos treinta, violentos y muy activos; en una noche **empapelábamos** Madrid y la gente nos tenía miedo (*cover with posters*)

emparedado (*m*): el estado mexicano de Tamaulipas es un **emparedado** entre Méjico y EE UU (*wedge*)

empecinamiento (*m*): la decisión del ministro es consecuencia del **empecinamiento** de los políticos que lo han apostado todo por Bruselas (*obstinacy*)

emplazamiento (*m*): se refiere al **emplazamiento** de los legionarios en los lugares conflictivos (*stationing*)

emplazar: intereses nacionales y la elección del país donde se **emplazarían** las oficinas centrales del nuevo consorcio, complicaron las cosas (*site*); le **emplazó** para que se personara en los autos (*serve with a writ of summons*); el presidente de Extremadura **emplaza** al Presidente del Gobierno a convocar una cumbre autonómica (*challenge*)

empleado <-a> (n/adj): desde muy joven daba clases nocturnas a **empleadas de hogar** (*daily help*)

empleo (m): el PSOE promete regular las empresas de **empleo temporal** (*seasonal work*); la rebaja de las cuotas sociales ayudará a crear **empleos no cualificados** (*unskilled job*)

emprendedor <-a> (n/adj): los nuevos **emprendedores** se han decidido a crear miniempresas con el asesoramiento de centros de formación y el apoyo de institutos públicos (*entrepreneur*)

empresa (f): son **empresas cotizadas en la Bolsa** (*listed company*)

empréstito (m): ya están de moda los **empréstitos indizados** (*index-linked loan*)

enarbolar: para defender intereses personales se **enarbolan** grandes principios (*put on display*)

encabezar: la televisión **encabezaba** el uso del tiempo libre de los jóvenes de quince años (*top the list*)

encaje (m): el presidente del Gobierno ha demostrado sobrada **capacidad de encaje** en sus doce años en el poder (*ability to cope with political problems without flinching*)

encallar [se]*: forcejea para que su carrera no **encalle** en la tormenta anti-europea (*flounder*)

encandilar [se]*: la actriz española **encandila** al público del festival uruguayo de Punta del Este (*mesmerize*)

encañonar: un policía madrileño fue detenido tras herir a una mujer y **encañonar** a otros dos agentes (*point a gun at*)

encarecer [se]*: le **encareció** que no olvidase el acuerdo pactado (*urge*)

encarecimiento (m): las causas de esta subida están en el **encarecimiento** de la enseñanza (*rising cost*)

encarrilar [se]*: el Presidente quiere activar las conversaciones, una vez que **haya sido encarrilada** la negociación en política económica (*get something under way*)

encartado <-a> (n/adj): los otros **encartados** son dos delincuentes comunes (*due to appear in court*)

encasillar [se]*: ¿**se ha encasillado** su trabajo en la comedia? (*become typecast*)

encauzar: evocaciones como las que acaba de lanzar el ex presidente no ayudan a **encauzar** el problema (*focus*)

encender [se]*: los jóvenes salen de las discotecas con muchas copas encima y los ánimos **encendidos** (*out of control*)

enconar [se]*: históricos y renovadores **enconan** su lucha para ganar terreno en el partido (*step up*)

encuesta (f): los resultados de la **encuesta** son claramente favorables al actual gobierno (*survey*)

encuestado <-a> (n/adj): la mitad de los **encuestados** cree que su sueldo mejorará con los años (*informant*)

enchufe (m): (*fam*) no hay nada como **tener un buen enchufe** para conseguir un puesto en cualquier subsecretaría (*have contacts*)

enchufismo (m): los familiares de personas vinculadas al partido no pueden presentarse como candidatos a un puesto de trabajo sin correr el riesgo de ser acusados de **enchufismo** (*nepotism*)

energético <-a> (*adj*): se ocupa de la **política energética** de la Administración (*energy policy*)

enfoque (m): el Ministerio del Interior no parece tener un **enfoque** claro de las actividades de los grupos extremistas (*picture*)

enfrentamiento (m): duros **enfrentamientos** entre los dos bandos por el control de la zona (*clash*)

enganchar [se]*: (*sl*) **se enganchó** hace cinco años y desde entonces ha estado doce veces en centros de rehabilitación (*get hooked*)

engorro (m): es un **engorro** tener que dar explicaciones (*pain*)

engrase (m): la modernización del país aún **necesita engrase** (*need a push*)

enjugar [se]*: **enjugar** el déficit vendiendo acciones de las empresas públicas (*eliminate*)

enjuiciar: proclamó su inocencia tras conocer la decisión de la Corte Suprema de **enjuiciarle** (*try*)

enmienda (f): **enmienda** del PSOE para subir al 0,5% del PIB la ayuda al desarrollo (*amendment*)

enriquecimiento (m): la decisión de retirar los cargos por **enriquecimiento ilícito** durante el ejercicio del poder ha levantado numerosas críticas (*illegal remuneration*)

enrollar [se]*: (*fam*) **se enrolló muy mal** y acabamos a hostias (*get heavy*)

enseñanza (f): los escolares de menos de siete años recibirán **enseñanza individualizada** en castellano en las escuelas públicas de Cataluña (*individually-tailored teaching*)

enseñorear [se]*: los maleantes **se han enseñoreado** de calles, plazas y pueblos de España (*take over*)

entablar: desde que está el PP en el Ayuntamiento de Madrid ha sido imposible **entablar una conversación** con ellos (*hold a dialogue*)

ente (m): suicidio en la cárcel del ex jefe del **ente** petrolero italiano (*organization*)

entidad (f): las grandes **entidades financieras** españolas iniciaron ayer una nueva oleada de rebajas de sus tipos de interés (*finance house*)

entorno (m): hay que cuidar el **entorno próximo** (*immediate environment*)

entrada (*f*): las fluctuaciones en el mercado se han visto favorecidas por la entrada masiva de capital extranjero (*inward investment*); con la indemnización que le dieron, pagó la **entrada** de un coche (*down payment*)

entramado (*m*): las acciones de los conductores de autobuses en huelga se extendieron a otras zonas del **entramado** urbano (*network*)

entrante (*n/adj*): el comisario británico se quedó solo en su resistencia frente al presidente **entrante** de la Comisión (*incoming*)

entredicho (*m*): la libertad de horas comerciales **está en entredicho** (*be in question*)

entrega (*f*): la factura se paga **contra entrega de productos** (*on delivery*)

entresijo (*m*)· (*pl*) se conocen todos los **entresijos** del debate televisivo (*intrigues*)

envalentonar [se]*: el portavoz de PNV aseguró que la Guardia Civil está 'un poco **envalentonada**' en Euskadi (*heavy-handed*)

envasado <-a> (*n/adj*): en la importación de productos **envasados** sólo se aceptan los que tengan botellas reciclables (*prepacked*)

envergadura (*f*): la reforma del Código Penal es, por su **envergadura** y trascendencia, el proyecto legislativo más importante ahora mismo (*scale*); nada en sus palabras parecía indicar la inmanencia de una operación bélica **de envergadura** (*of any great significance*)

envite (*m*): por pequeña y limitada que sea la oportunidad, no puede desperdiciar el **envite** (*challenge*)

envoltorio (*m*): la mayoría de los encuestados piensa que muchos productos vienen con un exceso innecesario de **envoltorio** (*wrapping/packaging*)

eólico <-a> (*adj*): habrá nuevos **parques eólicos** en Galicia (*wind farm*)

equiparable (*adj*): es **equiparable** al viejo concepto jurídico de flagrancia (*comparable*)

equiparación (*f*): el acuerdo prevé la **equiparación salarial** de este colectivo (*equal remuneration*)

equiparar: un diputado socialista **equipara** la ley de seguridad con la antiterrorista (*put in the same category*)

erario <-a> (*m/adj*): el PP quiere saber qué ex ministros y otros altos cargos están cobrando dos o más sueldos del **erario público** (*Treasury*)

erosionar [se]*: los partidarios de PP se han lanzado a **erosionar** al juez (*undermine*)

ertzaina (B): la cárcel esperará hasta que se complete el despliegue de los 7.160 **ertzainas** previsto para dentro de un año (*member of Basque Autonomous Police*)

Ertzaintza (B): hubo enfrentamientos con la **Ertzaintza** y quince heridos por la explosión de un artefacto (*Basque Autonomous Police*)

escindir [se]*: este grupúsculo es una **parte escindida** del partido nacionalista (*splinter group*)

escolaridad (*f*): el nivel actual de **escolaridad** en España es prácticamente del cien por cien (*access to education*)

escollo (*m*): ha habido muchos **escollos** en las negociaciones (*stumbling block*)

escritura (*f*): se está obligando a poner en las **escrituras** el valor real de tasación (*title deeds*)

escrutinio (*m*): la oposición cobra ventaja en el primer **escrutinio electoral** (*ballot*)

escuadrón (*m*): los siniestros **escuadrones de la muerte** siguen matando niños impunemente en las calles cariocas (*death squad*)

escucha (*f*): disponía de un impresionante arsenal para realizar **escuchas** ilegales (*telephone tapping*)

esgrimir: **esgrimió** un cuchillo de cocina amenazando con matarlos tanto a él como a su novia (*brandish*); en defensa de las distintas opciones se **esgrimieron** muy distintos argumentos y experiencias (*bandied about*)

eslabón (*m*): la persecución policial sólo conseguirá agravar la situación del **eslabón** social más débil (*link*)

esnifar: mucha gente riéndose y hablando a gritos, muchos viajes al cuarto de baño para **esnifar** (*sniff/ snort*)

espabilado <-a> (*n/adj*): un chico que vende bocatas de salchichón y parece **espabilado** y despierto (*streetwise*)

espacio (*m*): los socialdemócratas intentaron ocupar el **espacio del centro** (*middle ground*)

espantá (*f*) (*fam*): la **espantá** del eurócrata que no resistía las presiones y el navajeo habitual en Bruselas (*panic exit*)

especular: se **ha especulado al alza** con dichas acciones (*speculate in a bull market*)

esposar: el delincuente que los agentes llevaban **esposado** aprovechó la circunstancia para huir (*handcuffed*)

esquilmar: la pesca excesiva del atún rojo es un ejemplo de cómo se puede llegar a **esquilmar** los mares (*deplete*)

esquinazo (*m*) (*fam*): el ladrón **dio esquinazo** a la policía (*hoodwink*)

esquirol (*m*): en la huelga de los transportes no hubo **esquiroles** (*scab/ blackleg*)

estado (*m*): se celebró una reunión del **estado mayor de la defensa** (*Joint Chiefs of Staff*)

estajanovista (*adj*): es un director de cine **estajanovista** (*hard-working*)

estancar [se]*: comienzan a **estancarse** los precios de las viviendas (*stagnate*)

estatismo (*m*): ni liberalismo a ultranza ni un **estatismo** que ultraje la soberanía popular es la filosofía del candidato (*nationalization*)

estímulo (*m*): el PP considera imprescindibles los **estímulos fiscales** a los empresarios que creen empleo (*tax incentive*)

estrambótico <-a> (*adj*) (*fam*): si una estrella de la pantalla no hace nada **estrambótico**, la gente al final lo inventa de todas formas (*outrageous*)

estrategia (*f*): esa **estrategia dilatoria** le dio buenos resultados durante casi tres años (*delaying tactic*)

estrechar [se]*: los socialistas han empezado a **estrechar relaciones** con los nacionalistas (*forge closer links with*)

estrella (*f/adj*): los programas se han apropiado del **horario estrella** de la televisión (*peak viewing-time*)

estupefaciente (*m*): (*pl*) se llevó a cabo una acción contundente de la **Brigada de Estupefacientes** (*Drug Squad*)

estupro (*m*): la Audiencia Provincial de Soria ha condenado a un padre a 18 años de privación de libertad por un delito de **estupro** (*sexual abuse of a minor*)

etarra (*n/adj*) (B): la operación ha continuado en Francia con tres detenciones más, entre ellas la de un presunto **etarra** (*member of ETA*)

eurodiputado <-a>: el presidente respalda la idea lanzada recientemente por un **eurodiputado** alemán (*member of the European Parliament*)

europeísta (*n/adj*): por el contrario, el primer ministro es un **europeísta** convencido (*pro-European*)

euskera (B): el consejero vasco declaró hace un mes que el inglés iba a ser más útil que el propio **euskera** (*Basque language*)

evasión (*f*): ha continuado la **evasión de capitales** de la antigua Rusia (*flight of capital*)

eventual (*adj*): para probar su capacidad de acción en caso de una **eventual** crisis regional similar a la de Bosnia (*possible/prospective*); no llegaron a trabajar esos jornaleros que aparecían luego en los impresos como **peones eventuales** agrícolas (*temporary/casual labourer*)

excarcelación (*f*): recogen firmas para la **excarcelación** de los dos muchachos (*release from prison*)

excarcelar: el Gobierno de Argelia **excarcela** a los dos máximos dirigentes del FIS (*release*)

excedencia (*f*): su esposa se ha incorporado a la campaña tras pedir una **excedencia temporal** en el Ministerio donde es funcionaria (*temporary leave of absence*)

excedente (*m/adj*): el plan cifra el número de **excedentes** en 9.707, sobre una plantilla de 24.500 trabajadores (*employee on leave*); le declararon **excedente de cupo** y se libró de la mili (*young man not called by lot to do compulsory military service in Spain*)

excepción (*f*): el parlamento decretó ayer el **estado de excepción** en tres regiones del sur de la República (*state of emergency*)

eximente (*f/adj*): la compra de deuda especial puede ser utilizada como atenuante, pero no **eximente** (*absolutory*)

expedientar: el director de la cárcel **ha sido expedientado** por permitir un trato de favor a un narco (*suspended pending investigation*)

expediente (*m*): los tres **expedientes de regulación de empleo** empezaron a aplicarse conjuntamente ayer en la factoría de Seat (*official notice of redundancy*); la Liga Profesional **abre expediente** a seis clubes de Primera División; el Departamento de Industria y Energía de la Generalitat **abrió un expediente informativo** sobre las causas del apagón (*set up an enquiry*); el Banco de España **abrirá expediente disciplinario** al ex presidente de Banesto (*take disciplinary proceedings against*); cuando me instalé en Madrid, puse en manos de un abogado el inicio del **expediente** que legalizase esta situación (*legal proceedings*); no hay un registro internacional donde se pueda comprobar el **expediente** de una embarcación (*log*)

expedito <-a> (*adj*): la vía férrea Bilbao–El Ferrol quedó **expedita** para el tráfico ferroviario a media mañana de ayer (*open*)

extrapolar: es un momento de efervescencia política que se **extrapola** al campo laboral (*spill over into*)

extrarradio (*m*): Villaverde es una localidad del **extrarradio** madrileño (*outskirts*)

F

facha (*m/f*) (*fam*): ¿a quién votarán los **fachas** esta vez? (*fascist*); no tenía buena **facha** (*look*)

factura (*f*): los votantes **pasaron factura** a los socialistas (*make someone pay*)

facturación (*f*): la compañía alcanzó el año pasado una **facturación** de 74 millones de pesetas (*turnover*); los servicios en tierra de Iberia incluyen la **facturación** de pasajeros (*check-in*)

facturar: tratan de **facturar** más a costa de rebajar el PVP para captar el mayor número de clientes posibles (*sell*)

facultativo <-a> (*n/adj*): el límite entre la negligencia y el error es muy estrecho, pero crea alarma social y síndrome de acoso entre los **facultativos** (*doctor*)

fagocitar: se observa en este partido una tendencia a **fagocitar** a otras fuerzas políticas (*absorb*)

fajador <-a> (*n/adj*) (*fam*): sus memorias son el diario de un **fajador** (*person who soaks up the blows*)

fallar: después de una larga pugna legal, protagonizada por vecinos y ecologistas, la justicia **falló a favor** de éstos (*find in favour of*)

fallo (*m*): en el escrito se destacan la solidaridad y el apoyo a los recursos presentados contra el **fallo judicial** por el Ayuntamiento de Vigo y la Xunta (*ruling*)

familia (*f*): el Gobierno estudia lo que costaría bajar de cuatro a tres el número de hijos necesarios para ser calificada como **familia numerosa** (*large family entitled to family allowance in Spain*)

faraónico <-a> (*adj*): las infraestructuras previstas en este plan pueden ser calificadas como **faraónicas** (*colossal*)

farra (*f*): (*fam*) se ven pandillas **en plan farra** (*out on the town*)

fe de errores (*f*): la **fe de errores** se publica en la segunda página (*errata*)

fecundación (*f*): se cuestiona la ética de la **fecundación in vitro** (*in vitro fertilization*)

felipismo (*m*): esos años de dominio socialista pasarán a la historia como el **felipismo** (*era of Felipe González*)

festivo <-a> (*adj*): en efecto, con un día hábil menos por ser el martes **festivo**, el mercado ha retrocedido un 6,7% (*public holiday*)

feudo (*m*): ese pueblo es uno de los mayores **feudos** del nacionalismo radical en toda Galicia (*bastion*)

ficha (*f*): se incluye la **ficha técnica** de la encuesta (*technical details*)

figura (*f*): esta nueva **figura jurídica** confiere a los agentes económicos un marco jurídico único de Derecho comunitario (*juridical concept*)

fila (*f*): Ud. ha sido un **protagonista de primera fila** (*leading figure*); (*pl*) el presidente advirtió que existían divisiones en las **filas** conservadoras (*ranks*)

filial (*f/adj*): la compra de unos terrenos por parte de una **filial** de esta compañía no constituyó una operación especulativa (*subsidiary*)

filón (*m*): es un **filón** más suculento para la industria televisiva (*rich vein*)

filtrar [se]*: las conversaciones de presos etarras que **han sido filtradas** son muy importantes (*leaked*)

financiación

financiación (*f*): te diseñaremos un **plan de financiación** a la medida exacta de tu bolsillo (*payment plan*)

finiquito (*m*): **recibe el finiquito** y va a la calle (*receive one's last pay packet*)

firma (*f*): la secretaria preparó las **cartas para la firma** (*pro-forma letters*)

fiscal <-a> (*n/adj*): el **fiscal** considera que la corporación y el constructor cometieron un error de cohecho (≈ *Crown Prosecutor*); un **Fiscal General del Estado** al servicio de su partido (≈ *Attorney General*); el juez dio la palabra al **Ministerio Fiscal** (≈ *Crown Prosecutor*); prometen incentivos **fiscales** a los ejecutivos extranjeros (*tax*)

fiscalía (*f*): habrá una **fiscalía especial** para la lucha contra el tráfico de drogas (≈ *Special Prosecution Service*)

fiscalizar: hay que **fiscalizar** la contabilidad de los partidos políticos (*scrutinize*); el Parlamento pidió ayer al Tribunal de Cuentas que **fiscalice** su gestión al frente del BOE (*investigate*)

fisco (*m*): los **agentes del fisco** del aeropuerto rehusaron autorizarles la entrada en el país (*Customs and Excise official*)

flaco <-a> (*adj*): el **punto flaco** del partido sigue estando en su líder (*weak point*)

fleco (*m*): el equipo que trabaja en la película dará por concluido el doblaje mañana, pese a que pueda quedar todavía algún **fleco** (*matter outstanding*)

fletar: tres camiones **fletados** por la organización no gubernamental Paz Ahora partieron ayer desde Madrid (*chartered*)

flexibilizar: están decididos a no **flexibilizar** la legislación (*relax*)

flota (*f*): hay que evitar conflictos con la **flota pesquera** española (*fishing fleet*); la **flota de arrastre** ha sufrido mucho (*trawler fleet*); los buques de la **flota** gallega **de bajura** no pudieron salir a faenar a causa del temporal (*inshore fishing fleet*)

fluido <-a> (*m/adj*): una bomba de distribución quedó inutilizada debido a la falta de **fluido eléctrico** (*electricity supply*)

follón (*m*): el **follón** creado por la repercusión del disco no ha alterado la vida del monasterio (*furore*)

fondo (*m*): los trabajadores están en huelga tras recibir **talones sin fondos** (*cheque that bounces*); nuevos **fondos de inversión** para las comunidades autónomas (*investment fund*); el Presidente luchaba en Bruselas para conseguir **fondos de cohesión** para España (*convergence fund*); **hemos tocado fondo**, pero nos recuperaremos (*touch rock bottom*); la caída de la inversión en construcción **tocó fondo** en el cuarto trimestre del pasado año (*bottom out*); (*pl*) el juez ha decidido proceder penalmente contra el ex secretario de Estado, al que acusa de malversación de fondos públicos, los llamados **fondos reservados** (*slush fund*)

60

fondón <-a> (*n*/*adj*): deberías intentar hacer algo de deporte, estás **fondón** y fofo (*slob*)

fonobuzón (*m*): Telefónica ha comenzado a comercializar el **fonobuzón** (*telephone-answering service*)

foral (*adj*): el Gobierno aragonés se prepara para combatir las ventajas fiscales de los regímenes **forales** (*with special laws relative to that region*)

forcejear: el policía **forcejeaba** con el delincuente (*struggle*); cuando se produce un siniestro, las ambulancias municipales, las de Insalud y las de la Cruz Roja, **forcejean** por trasladar a los heridos (*vie with one another*)

forcejeo (*m*): uno de los puntos culminantes del interrogatorio fue el **forcejeo** que el banquero mantuvo con la diputada (*heated exchange*)

forense (*n*/*adj*): la **forense** califica de homicida la muerte del legionario (*pathologist*)

formación (*f*): se fomentará la **formación profesional** (*vocational training*)

formar [se]*: se trata de una generación que está más **formada** que la de sus padres (*educated*)

forofo <-a> (*fam*): la violencia provocada por los **forofos** del fútbol (*fan*/*supporter*)

fracaso (*m*): es un área con un alto grado de **fracaso escolar** (*academic failure*)

francotirador <-a>: tres refugiados fueron abatidos por un **francotirador** (*sniper*)

franja (*f*): la clase media norteamericana se mueve en una **franja salarial** que oscila entre los dos y los cinco millones de pesetas anuales (*salary band*); es la **franja horaria** que se considera de mayor audiencia televisiva (*time slot*)

franquicia (*f*): la multinacional británica compartirá espacio con algunas de las más renombradas **franquicias** del textil y la cosmética en general (*brand name*); la firma abrirá **tiendas en franquicia** por toda España (*franchise outlet*)

frenar: el sector bancario **frena** las subidas (*put a brake on*)

frontal (*adj*): dos personas resultaron muertas en un **choque frontal** que se produjo ayer entre un turismo y un autobús (*head-on collision*)

fuga (*f*): la **fuga de cerebros** no ha dejado nunca de preocupar a los rusos (*brain drain*); el gobierno reconoce que es un área contaminada por la **fuga radioactiva** (*radioactive leak*)

fuguista (*m*/*f*) (*fam*): el delincuente se convirtió en un **fuguista de película** (*star runaway*)

función (*f*): (*pl*) se trata de una oportunidad histórica segun el **gobierno en funciones** (*caretaker government*); (*pl*) los comunistas dieron ayer un golpe de estado constitucional al destituir al **presidente en funciones** (*acting president*); (*pl*) el juez **entró en funciones** (*take office*)

funcionario <-a>: doce **funcionarios** de las Cortes valencianas tendrán que repetir el examen que realizaron para conseguir una plaza de ujier (*civil servant*)

furgón (*m*): los GRAPO intentan atracar un **furgón blindado** en Granollers (*security van*)

fusión (*f*): la **fusión** de las dos compañías ha supuesto una pérdida de empleo (*merger*)

fusionar [se]*: las dos compañías **fusionan** sus filiales y reorganizan el negocio (*merge*)

fuste (*m*): el vicepresidente es un hombre **de fuste** (*trustworthy/reliable*)

futbolín (*m*): (*pl*) sólo piensan en ir a los **futbolines** y no se motivan por la oferta cultural (*amusement arcade*)

G

gabacho <-a> (*n/adj*) (*fam*): ¡Viva Francia y vivan los **gabachos**! (*frog*)

galardón (*m*): es un **galardón** muy prestigioso que honra a quien lo recibe (*award*)

galerista (*m/f*): el **galerista** alemán rompió el coro de alabanzas y satisfacción propia que parecen dominar en el arte español (*gallery owner*)

gama (*f*): se presentó una nueva **gama de productos** (*range of products*)

gancho (*m*): el baile, la charla, las copas, pese a tener tanto **gancho**, se quedan en segunda posición de sus aficiones (*appeal*)

garbancero <-a> (*n/adj*): en su libro ha querido señalar la condición **garbancera** de la clase política española (*provincial*)

garrafal (*adj*): la pérdida de votos en los comicios constitucionales es producto de errores **garrafales** de nuestros directivos (*monumental*)

gasolina (*f*): coches 'verdes' que usan **gasolina sin plomo** (*unleaded petrol*)

gasto (*m*): los ciudadanos esperan que en tiempo de crisis el **gasto público** se contenga (*public spending*)

gestión (*f*): el Ministro de Sanidad defendió la legalidad de su **gestión** al frente de Renfe (*management*); son necesarias una buena **gestión** de los recursos naturales y una política de conservación (*handling*); contradicciones entre su programa político electoral y su **gestión** al frente de la Junta autonómica (*work*); ¡menos demagogia y más **gestión**! (*action*); les acusan de falsificar árboles genealógicos para la obtención de nuevos títulos nobiliarios o la **gestión** de los mismos para terceras personas (*processing*); el nuevo Gobierno canario ha cumplido cien días **de gestión** (*in power*)

gestionar: la Diputación cántabra se opone a que Madrid **gestione** la promoción de los Picos de Europa (*have responsibility for*); el programa informático permite **gestionar** varios catálogos simultáneamente (*work with*)

gestor <-a> (*n/adj*): el **equipo gestor** ha encargado una auditoría de urgencia sobre el banco (*management team*)

gira (*f*): el cantante inicia hoy una **gira** de once recitales (*tour*)

globalizar: fue su estrategia para impedir que la oposición **globalice** las críticas a su gestión (*extend*)

gobernar [se]*: los dos grandes partidos reclaman la victoria, pero ninguno podrá **gobernar en solitario** (*govern on one's own*)

golear: después de **golear** al equipo de Sofía, el Barça jugará la final (*score a lot of goals*)

golpe (*m*): el **golpe** a la red de extorsión impide reorganizarse a la banda (*blow*); el intento de cuartelazo fue la crónica de un **golpe de estado** anunciado (*coup d'état*)

golpear [se]*: la policía está convencida de que se ha logrado **golpear** un centro neurálgico que desbarata los planes de reorganización de ETA (*strike at*)

golpismo (*m*): yo creo que el **golpismo** ha muerto en España (*coup mentality*)

golpista (*n/adj*): los **golpistas** venezolanos ya han vuelto al cuartel (*coup-monger*)

goma (*f*): en el piso se descubrió un alijo de veinte kilos de **goma dos** (*plastic explosive*)

gordo <-a> (*n/adj*): el **gordo** de Navidad cayó en Alicante (*first prize in National Lottery*)

gorila (*m/f*): (*fam*) la cantante salió a pasear rodeada de catorce **gorilas** (*heavy*)

gota (*f*): se acerca una **gota fría** (*freezing rain*)

goteo (*m*): el índice mantiene un **goteo a la baja constante** en los mercados de valores (*constant slippage in value*)

grabación (*f*): es una empresa cooperativa de **grabación de datos** y otros servicios informáticos (*feeding-in of data*)

grado (*m*): para poder abandonar la cárcel **en el tercer grado**, los insumisos deben probar que tienen empleo (≈ *on parole*)

graduado <-a> (*n/adj*): un veinte por ciento de los alumnos no consigue el **graduado escolar** al final de la EGB (*leaving certificate obtained on completion of Spanish primary education*)

gratificación (*f*): la mayor parte de esta partida corresponde al pago de **gratificaciones** a los cascos azules españoles desplegados en la zona (*bonus*)

gravable (*adj*): se intenta reducir la lista de productos no **gravables** (*taxable*)

gravar: el Gobierno argelino llegó a un acuerdo con el FMI para renegociar una parte de la deuda exterior, que **grava** la economía del país (*weigh down*); recargo sobre la tasa estatal que **grava** las máquinas tragaperras (*levy tax on*)

grueso <-a> (*n/adj*): se hallaba a unos metros del **grueso** de la manifestación (*thick*); el **grueso** de la negociación se aplazará hasta septiembre (*bulk*)

guante (*m*): todos los sectores se apresuraban a recoger ese **guante político** (*political challenge*)

guarda (*m/f*): los numerosos **guardas jurados** junto al escenario empezaron a sudarse el sueldo (*security guard*)

guardería (*f*): una de las obligaciones de las empleadas de hogar es llevar a los niños a la **guardería** (*crèche / nursery*)

gubernamental (*adj*): **medios gubernamentales** aseguran que la ausencia de una ley de asilo pone en peligro la seguridad de los extranjeros (*government circles*)

guerrismo (*m*): deserción en el **guerrismo** para apuntarse a ganador en las listas municipales (*the Alfonso Guerra tendency in the PSOE*)

guerrista (*n/adj*): los **guerristas** adquirieron cierta ventaja en el congreso provincial del PSOE de Huelva (*follower of the Alfonso Guerra tendency in the PSOE*)

guindar [se]*: (*fam*) es mejor no llevar anillos, pulseras, collares, porque te lo **guindan** (*swipe*)

guiri (*m/f*) (*fam*): la catedral estaba rodeada de **guiris** sacando fotos (*typical tourist*)

H

haber (*m*): el **haber**, que reciben todos los reclutas, seguirá congelado a 1.500 pesetas mensuales (*cash in hand*)

hábil (*adj*): los clientes del banco han retirado 120.000 millones de pesetas en los tres **días hábiles** que siguieron a la intervención de esta entidad por el Banco de España (*working day*)

habilitar: el Gobierno acordó con los nacionalistas **habilitar** el mes de enero para agilizar la discusión sobre el contrato laboral (*reserve*)

habitabilidad (*f*): se niegan a abandonar las viviendas hasta que el Ayuntamiento les ofrezca otras con **condiciones de habitabilidad** dignas (*living conditions*)

habitáculo (*m*): el **habitáculo** del nuevo modelo de coche es muy cómodo (*interior space*)

Hacienda (*f*): defraudar a **Hacienda** va siendo cada vez más difícil (≈ *Inland Revenue*)

hambruna (*f*): la mayor catástrofe ecológica del planeta es la muerte por **hambruna** de millones de seres humanos (*famine*)

hecho (*m*): se pretende realizar el proyecto por la vieja vía del **hecho consumado** (*fait accompli*)

helitransportado <-a> (*adj*): un comando **helitransportado** de cinco hombres armados interceptó un avión de línea (*transported by helicopter*)

hemiciclo (*m*): después del discurso del rey, los asistentes abandonaron el **hemiciclo** (*Parliament Chamber*)

hemoderivado <-a> (*n/adj*): se enteró de que es uno de los 1.509 pacientes infectados del sida por transfusiones o **hemoderivados** (*blood by-product*)

hermetismo (*m*): el **hermetismo** entre las personas de su confianza es absurdo (*secrecy*)

heroinómano <-a> (*n/adj*): una anciana sobrevive de vender jeringuillas, cucharas y limón a los **heroinómanos** (*heroin addict*)

hilo (*m*): hoteles provistos de **hilo musical** (*piped music*)

hincapié (*m*): las protestas **hacen hincapié**, no en el robo en sí, sino en lo difícil que les resulta denunciarlo (*emphasize*)

hincha (*m/f*) (*fam*): los **hinchas** celebraron la victoria de su equipo (*fan*)

hipertrofiar [se]*: la crisis económica **hipertrofiaba** las bolsas de marginación (*overinflate*)

hipotecar: los recortes en el presupuesto **hipotecan** el servicio exterior (*put at risk*); el proyecto del Campus de la Salud está **hipotecando** el desarrollo de la Facultad de Medicina (*jeopardize*)

65

hipotecario

hipotecario <-a> (*adj*): se anuncia una emisión de **bonos de titularización hipotecaria** (*mortgage securities*); invirtió en **cédulas hipotecarias** al portador (*mortgage bond*)

historial (*m*): el **historial delictivo** de algunos delincuentes del barrio es penoso (*criminal record*)

histórico <-a> (*n/adj*): existe un enfrentamiento entre los actuales jefes de ETA y otros **históricos** (*member of the old guard*)

hito (*m*): la Cumbre de la Tierra de Río de Janeiro representó un **hito** en la historia ecológica del planeta (*watershed*)

hombre-bomba (*m*): un **hombre-bomba** mata a 22 israelíes (*suicide bomber*)

homenajear: era un acto destinado a **homenajear** a la tercera edad (*pay tribute to*)

homologación (*f*): los alumnos de Farmacia acusan al gobierno de incumplir las normas sobre la **homologación de títulos** (*validation of academic qualifications*); nunca será posible conseguir una **homologación** de las instituciones; la **homologación** salarial comenzará el año próximo (*bringing into line*)

homologar: la CE va a **homologar** niveles de calidad (*standardize*); los futuros farmacéuticos podrán **homologar** su título y trabajar en cualquier país de la CE (*validate*); advirtieron que la carne porcina procedente de mataderos no **homologados** por la CE no era apta para el consumo humano (*approved*)

homólogo <-a> (*n/adj*): el Ministro del Interior francés comunicó personalmente la noticia a su **homólogo** español (*opposite number*)

hornada (*f*): actuó un cantante flamenco de la **nueva hornada** (*new breed*)

hortera (*n/adj*) (*fam*): tenía una pinta de **hortera** que tumbaba (*person with bad taste*)

hostia (*f*): (*fam*) una pija me dijo: '¡A que **te pego una hostia**!' (*smash someone's face in*)

hostigar: varios de ellos comienzan a **hostigar**le y uno le lanza una piedra (*harass*)

hueco <-a> (*m/adj*): Iberoespacio es una de las pocas empresas españolas que intenta **hacerse un hueco** en la lucrativa conquista del espacio (*carve a niche for oneself*)

huelga (*f*): se declaró en **huelga de solidaridad** con los detenidos (*sympathy strike*)

husmear: **husmear** entre los papeles de la Redacción es, con frecuencia, una fuente de información inmejorable (*snoop*)

66

I

ikastola (B): la oferta que realiza la Consejería de Educación a las **ikastolas** es planificación y financiación totalmente públicas (*Basque-medium school*)

impactante (*adj*): las actuaciones pueden ser tan o más **impactantes** que la industrialización del siglo pasado (*significant*)

impacto (*m*): los ecologistas piden que se reduzca al mínimo el **impacto ambiental** de la nueva carretera (*effect on the environment*)

impagado <-a> (*n/adj*): fue a la quiebra por culpa de las facturas **impagadas** (*unpaid*)

impago (*m*): fue condenado por los dos delitos a sendas penas de multa, con arresto sustitutorio en caso de **impago** por un total de 260 días (*non-payment*)

implicación (*f*): las **implicaciones** de la Banca en la trama (*involvement*); el senador apoya la **implicación** militar de Alemania en el conflicto (*participation*)

implicado <-a> (*n/adj*): se realizará un juicio contra los **implicados** en la intentona de noviembre (*person involved*); toda nuestra estrategia se centra en endurecer la presión sobre las **partes implicadas** (*involved parties*)

importe (*m*): hay que abonar un **importe** mínimo de 25.000 pesetas (*sum of money*)

impositivo <-a> (*adj*): aprobada la nueva **política impositiva** del Gobierno (*fiscal policy*); el año pasado los **ingresos impositivos** excedieron a las estimaciones presupuestarias en más de un billón de pesetas (*tax revenue*)

impositor <-a> (*n/adj*): ante la presencia de numerosos **impositores** que decidieron retirar parte de sus ahorros (*depositor*)

imprescindible (*adj*): se produce un crecimiento caótico que provoca la aparición de enormes barrios sin los **servicios imprescindibles** (*essential services*); las empresas intentan reducir la inversión a los niveles más **imprescindibles** (*basic*)

impreso <-a> (*m/adj*): exigían una **copia impresa** además del disco (*printout*)

impronta (*f*): las alfombras fabricadas allí llevan la **impronta** del trabajo juvenil (*stamp*)

impuesto (*m*): evadir **impuestos** es un delito (*tax*); el veinte por ciento de los barceloneses no paga el **impuesto de circulación** (≈ *local road-fund licence*); herido un industrial que se negó a pagar el **impuesto revolucionario** (*protection money*); se calculó lo que debía pagar teniendo en cuenta su **salario menos impuestos** (*take-home pay*)

impugnación (*f*): la **impugnación** del resultado de las elecciones marcó la legislatura desde el principio (*challenge*)

impugnador <-a> (*n/adj*): en opinión de los **impugnadores** del servicio militar, el servicio social sustitutorio es otra medida coercitiva (*objector*)

impulsar: fueron unas jornadas **impulsadas** por el Instituto Central de Cultura Islámica (*organize*); éstas son las medidas y las reformas estructurales necesarias para **impulsar** el crecimiento del empleo (*promote*)

inalámbrico <-a> (*adj*): a algunos horteras les gusta disponer de un **teléfono inalámbrico** en cualquier situación (*mobile phone*)

inanición (*f*): **murió de inanición** un día después de ser fotografiado para este reportaje (*die of starvation*)

incautar [se]*: se procedió al pesaje oficial de la droga **incautada** (*seized*)

incentivar: **incentivar** el comercio y la industria es el objetivo prioritario de un recinto ferial (*stimulate*)

incidencia (*f*): **incidencias** similares se produjeron en apenas medio centenar de mesas electorales en toda España (*incident*); la **incidencia** de enfermedades sanguíneas se ha multiplicado por treinta (*incidence*)

incívico <-a> (*adj*): no se puede llamar **incívicos** a los pescadores españoles (*antisocial*)

incompatibilidad (*f*): a los políticos debería aplicárseles la ley de **incompatibilidades** con cualquier otra actividad profesional o privada (*conflict of interests*)

incremento (*m*): la sentencia obliga a la dirección de la empresa a abonar el **incremento salarial** acordado con el comité de empresa (*salary rise*)

increpar: tras la comparecencia judicial del acusado, su madre **increpó** a los informadores (*launch a verbal attack on*)

inculpación (*f*): IU pide la **inculpación** de dos ex delegados del Gobierno por un delito de imprudencia punible (*indictment*)

inculpar: denegada la libertad de cinco **inculpados** en la red de escuchas ilegales (*accused*)

incurrir: se publicó una lista de las empresas que podrían **haber incurrido** en presuntas irregularidades tributarias (*commit*)

independiente (*n/adj*): chalets **independientes** y pareados con parcelas de 500 m² donde podrá instalar su piscina (*detached*)

índice (*m*): el mayor **índice** de participación se dio en Castellón (*rate*); el sector informático español gozaba de un merecido prestigio, con unos **índices de crecimiento** superiores a la media europea (*expansion rate*); se notan claras diferencias entre el centro de España y la periferia en el aumento del **índice de precios al consumo** (*retail price index*)

indiciario <-a> (*adj*): la sentencia estima que no existen **pruebas indiciarias** de fraude (*hint*)

indocumentado <-a> (n/adj): algunas de las personas más trabajadoras y productivas de esta ciudad son **extranjeros indocumentados** (*illegal immigrant*)

inductor <-a> (*n/adj*): las hermanas fueron señaladas por los vecinos como **inductoras** de la matanza (*instigator*)

indultar: se mostró cauto sobre la posibilidad de que los dos policías **sean indultados** (*pardoned*)

indulto (*m*): la **solicitud de indulto** es un derecho de todos los ciudadanos (*appeal for clemency*)

Industria (*f*): la oferta incluye asignar a los nacionalistas vascos la **cartera de Industria** (*portfolio of Trade and Industry*)

ínfimo <-a> (*adj*): lo que supone un **ínfimo** porcentaje (*derisory*)

infografía (*f*): a sus 160 páginas, impresas en seis colores y llenas de tácticas de **infografía**, se sumará un apéndice electrónico gratuito (*computer graphics*)

informativo <-a> (*adj*): los eurodiputados realizaron un **viaje informativo** a Cuba (*fact-finding trip*); las circunstancias han contribuido a restar **valor informativo** al país (*newsworthiness*)

infracción (*f*): se detectan mil **infracciones** en el etiquetado de cosméticos (*infringement of law*)

infraseguro (*m*): se aplicará la correspondiente regla proporcional por **infraseguro** (*under-insurance*)

ingreso (*m*): los gastos se elevaron a 278 millones y los **ingresos** fueron sólo de 273 millones de pesetas (*takings*); 800.000 pesetas son el **ingreso renta per capita** en las cuatro provincias catalanas y en Madrid (*per capita income*)

inhabilitación (*f*): la fiscal pide 33 años de **inhabilitación** para el presidente de la comunidad autónoma por varios delitos (*disqualification from office*)

injerencia (*f*): Malabo acusa a España de **injerencia** y de amenazar su integridad territorial (*interference*)

inmobiliario <-a> (*adj*): el control del blanqueo de dinero afectará la inversión de los narcos en **propiedades inmobiliarias** (*real estate*)

inmovilización (*f*): el IVA de las adquisiciones intracomunitarias genera **inmovilizaciones financieras** (*tying up of monies/fixed assets*)

inseguridad (*f*): el problema de la **inseguridad ciudadana** sigue sin resolver (*street crime*)

inserción (*f*): cientos de jóvenes terminan matriculándose en una carrera para retrasar su **inserción profesional** unos años (*entry into job market*)

insolidaridad (*f*): la reducción de la vía por mal aparcamiento debe ser considerada como un acto de **lesa insolidaridad ciudadana** (*gross antisocial behaviour*)

insonorizar: metidos en celdas **insonorizadas,** eran sometidos a vejaciones y torturas (*soundproofed*)

instancia (*f*): la protesta de los abogados ha sembrado la inquietud en **altas instancias judiciales** (*top legal circles*)

instituto (*m*): se van a estudiar el bachillerato al **instituto** más cercano (≈ *secondary school*)

instruir [se]*: el juez que **instruye la causa** ha decretado el secreto sumarial (*investigate case*)

insumisión (*f*): diversos indicios apuntan a un sutil cambio de actitud de la Administración ante el fenómeno de la **insumisión** (*refusal to do compulsory military service in Spain*)

insumiso <-a> (*n/adj*): los **insumisos** no son delincuentes, por lo tanto, no deben cumplir penas de ningún tipo (*young man who refuses to do compulsory military service in Spain*)

integración (*f*): el programa de **integración escolar** llega a la nueva secundaria (*integration into school system of pupils with special difficulties*)

integrante (*n/adj*): fueron hallados los tres **integrantes** de la familia (*member*)

integrista (*n/adj*): los **integristas** asesinan a 14 policías en Argelia (*fundamentalist*)

intemperie (*f*): **a la intemperie duerme** también Lucía (*sleep rough*)

intentona (*f*): el presidente ha sobrevivido dos sangrientas **intentonas golpistas** (*attempted coup*)

interinidad (*f*): M.R. **está en situación de interinidad** desde marzo (*be in temporary charge*)

interino <-a> (*n/adj*): la reunión del comité **interino** del FMI vivió una rebelión de los países en desarrollo (*temporary*)

intermediario <-a> (*n/adj*): la ONU le ha destituido como **intermediario** en la guerra (*peace broker*)

intervención (*f*): la **intervención** de 330 kilos de cocaína y la detención de dos personas ha sido el balance de la actuación desarrollada desde la semana pasada (*interception*)

intervenir: la droga **fue intervenida** en el domicilio de la anciana (*seized*); el Gobierno **interviene** la cooperativa de viviendas de UGT (*audit*)

interventor <-a>: es una joven que actuaba como **interventora** del PSOE en un colegio electoral (*electoral agent*)

inutilizar [se]*: anuncia que si es necesario se derribarán aviones e **inutilizarán** baterías (*put out of action*)

invernadero (*m*): el Plan Nacional del Clima propone tomar medidas ya contra el **efecto invernadero** (*greenhouse effect*)

investidura (*f*): se lavará las manos en la **sesión de investidura** y votará en blanco (*swearing-in*)

involución (*f*): según el ex eurodiputado de HB, ETA y HB están en plena **involución** (*decline*)

irrumpir: dos hombres de paisano y tres de uniforme **irrumpieron** en la vivienda (*burst into*)

J

jalonar: se siguen formando oficiales en un mundo aparte **jalonado** de tradiciones (*weighed down*)

jornada (*f*): otros países han optado por esquemas de reparto del trabajo o reducción de la **jornada laboral** (*working day*); en la **jornada** de ayer el filósofo volvió a polemizar con el novelista (*session*)

jornalero <-a>: el letrado del Estado exime a los **jornaleros** de devolver el dinero defraudado al PER (*day labourer*)

judicatura (*f*): tomó la decisión de cambiar la **judicatura** por la política (*judiciary*)

juerga (*f*) (*fam*): tradición, religión y **juerga** se mezclan en las fiestas andaluzas (*party atmosphere*)

juez <-a>: los **jueces instructores** del sumario contra el líder hicieron llegar ayer a Roma un grueso expediente (*investigating judge/magistrate*); el **juez de guardia** ordenó el ingreso en prisión de la conductora que arrolló y mató a un hombre (*duty magistrate*)

jugar [se]*: ahora vamos a **jugar con las cartas bocarriba** (*show one's hand*)

juicio (*m*): los presos serán **sometidos a juicio** por sus actividades subversivas (*sent for trial*)

junta (*f*): la **junta directiva** del equipo aprobó ayer la compra de dos jugadores extranjeros (*Board of Directors*); las **juntas arbitrales** harán realidad la política de defensa del consumidor (*arbitration panel*); las Consejerías de Educación y Ciencia, Cultura y Medio Ambiente de la **Junta de Andalucía** van a iniciar un proyecto común de utilización del Patrimonio (*Autonomous Government of Andalusia*)

juramento (*m*): el Soviet Supremo ratificará el resultado del referéndum y **tomará juramento** al primer presidente democráticamente elegido (*swear in*)

jurásico <-a> (*adj*) (*fam*): está completamente **jurásico** (*ancient*)

jurista (*m/f*): una asamblea de **juristas** reclama que se suprima la inmunidad parlamentaria y privilegios de los jueces (*member of the legal profession*)

juvenil (*adj*): el aumento del **paro juvenil** es desalentador (*youth unemployment*)

juzgado (*m*): el partido se personó ayer en el sumario que instruye el **Juzgado de Instrucción** número 17 sobre el caso (*Office of investigating judge/magistrate*)

K

kanguro (*m*): (*fam*) (*m/f*) Yolanda ha podido estudiar porque sus dos hijos quedaban al cuidado de la '**kanguro**' de turno (*baby-sitter*)

L

laboral (*adj*): más de cien personas ciegas se integraron en el **mundo laboral** (*job market*)

laboralista (*n/adj*): fue **abogado laboralista** durante muchos años antes de pasarse a la política (*industrial-relations lawyer*)

lacra (*f*): desea la formación de un consenso económico para acabar con la **lacra** del paro (*blight*)

lapa (*f*): intentó adosar una **bomba del tipo lapa** en el BMW (*limpet bomb*)

lastre (*m*): frente al **lastre** que supone la dispersión de competencias para las tareas de conservación (*drawback*)

laudo (*m*): la empresa presentó un recurso contra la sentencia recogida en el **laudo arbitral** dictado por la Junta de Andalucía (*arbitration award*)

lavado (*m*): se sospecha que está relacionado con una **operación de lavado** de once millones de dólares (*laundering*)

lavar [se]*: los traficantes españoles recuperaban su dinero de las entidades bancarias ya **lavado** en forma de cheques (*laundered*)

legado (*m*): dejó un **legado** para la Universidad de Granada (*bequest*)

legislatura (*f*): se adelantaron los comicios porque agotar la **legislatura** era inviable (*parliamentary mandate*)

lehendakari (B): momentos antes, el **lehendakari** y el Gobierno en pleno lo habían visitado en el hospital (*President of the Basque Autonomous Government*)

lesionar [se]*: dimitió para no **lesionar** la imagen del partido (*damage*); el juez considera que la empresa **lesionó** un derecho fundamental de los trabajadores (*violate*)

letra (*f*): los socialistas están en actitud de cambiar la actual **letra** del reglamento (*wording*); el Tesoro **colocó letras** por valor de 348.000 millones de pesetas al 8,05% (*issue Government Stock*)

letrado <-a> (*n/adj*): el **letrado** defendió al acusado con argumentos poco convincentes (*lawyer*)

levantar [se]*: conseguían cambiar elevadas cantidades de dinero sin **levantar** sospechas (*raise*); el Acta de Inspección Ocular **fue levantada** en presencia del juez (*undertaken*); la jueza **levanta la fianza** al técnico del Santander (*release from bail*)

liberado <-a> (*n/adj*): la policía no ha podido confirmar si se trata de los **liberados a sueldo** del comando Vizcaya de ETA (*full-time and paid member*)

libertad (*f*): se propone completar el Mercado Único, principalmente repecto a la **libertad de circulación de personas** (*free movement of people*); el IRES realiza un estudio sobre el funcionamiento de la **libertad a prueba**; fue puesto en **libertad condicional** el pasado 26 de diciembre (*probation*); había salido apenas unos días antes de cometer el crimen **en libertad provisional** (*released on bail*)

libro (*m*): el Gobierno presentó el **Libro Blanco** para la Reforma del Sistema Educativo (*White Paper*); analizaron los **libros contables** de la empresa (*accounts / books*)

licitación (*f*): el museo es objeto de **licitación** (*bidding*)

lid (*f*): en sus **lides políticas** se echaba en falta un poco de dureza (*political debate*)

liderar: el ex presidente cree que EE UU tiene la responsabilidad de **liderar** el mundo (*lead*)

liderazgo (*m*): siguen las dudas sobre la capacidad de **liderazgo** del Presidente (*leadership*)

ligar [se]*: (*fam*) el bar estaba lleno de chicos y chicas que **ligaban** entre copas (*flirt*)

ligero <-a> (*m*/*adj*): los británicos respondieron con armas de sus **blindados ligeros**, tirando hasta 17 obuses de sus cañones (*armoured personnel carrier*)

ligón <-a> (*n*/*adj*) (*fam*): una mujer narcotizó con un beso a un **ligón** y lo desvalijó (*womanizer/flirt*)

límite (*m*): la población **vive en una situación límite** (*be on the verge of poverty*)

limpiar [se]*: (*fam*) un turista es abordado por una mujer que le tiende una flor, mientras otra le **limpia** el bolso (*steal everything from*)

línea (*f*): el Consejo de Ministros analizó las **líneas maestras** del presupuesto del próximo año (*broad outlines*)

liquidación (*f*): **liquidación final** de modelos de coche no catalizados (*final reduction*)

liquidez (*f*): el banco promete **liquidez** semestral **opcional** (*optional withdrawal facility*)

lista (*f*): al parecer, habrá pocos cambios en las **listas electorales** socialistas (*list of candidates selected by parties in Spain to stand for election in every constituency*)

listado (*m*): las autonomías aprueban el **listado** de prestaciones médicas aprobadas por Sanidad (*catalogue*)

listón (*m*): la industria hotelera nacional puede caer en la habitual tentación de mantener las cotas de ocupación bajando todavía más el **listón de precios** (*ceiling price*)

litrona (*f*) (*fam*): los jóvenes españoles se mueven entre la **litrona** y la ecología (*one litre bottle of beer*)

llamada (*f*): un par de amigos griegos tuvieron que enfrentarse a cómo **hacer una llamada a cobro revertido** desde Castellón (*reverse the charges*)

localidad (*f*): en Alicante se encontraba aislada la **localidad** de Benifallim (*village/town*)

loro (*m*): (*fam*) los camellos llevan escolta, o sea, tíos que **están** con ellos, **al loro** por si hay jaleo (*be on the lookout*)

lucrar [se]*: recogedores de ropa usada **se lucran** con la excusa de que los beneficios van al Tercer Mundo (*line one's pockets*)

lucrativo <-a> (*adj*): la National Geographic Society norteamericana es la **compañía no lucrativa** más importante de cuantas se dedican a la investigación geográfica (*non-profit-making company*)

lucro (*m*): el usuario puede acceder a la información en función del sector de su actividad: agricultura, industria, comercio y actividades **sin finalidad de lucro** (*non-profit-making*)

lumi (*f*) (*sl*): aquí hay mucha **lumi** de lujo que no lo parece (*prostitute*)

luna (*f*): hubo rotura de **lunas**, cristales, letreros y rótulos luminosos (*shop window*)

M

macarra (*m*) (*sl*): te das cuenta en seguida de que la calle está llena de **macarras** (*pimp*)

macrojuicio (*m*): esta novedad comenzó a plantearse después del **macrojuicio** de la colza (*supertrial*)

macroproceso (*m*): salieron de Pontevedra en la noche del pasado domingo para poder estar presentes en el **macroproceso** (*supertrial*)

madera (*f*): (*sl*) a los camellos les interesa la tranquilidad, que no haya **madera** (*rumpus*)

magistrado <-a>: la **magistrada** dio a conocer el veredicto (*judge*)

malabar (*n/adj*): la escasez de la era soviética se ha transformado en la angustia de una población que diariamente **hace** [juegos] **malabares** para comer (*do a balancing act*)

maltrecho <-a> (*adj*): Cuba y Rusia revisan sus **maltrechas** relaciones económicas (*battered*)

malversación (*f*): procesado por delitos de **malversación de fondos públicos** (*embezzlement of public funds*)

mambo (*m*): es muy presumido, se considera el **rey del mambo** (*bee's knees*)

mandanga (*f*): Fidel siempre le **cuenta la misma mandanga** (*tell the same old story*)

mandatario <-a>: será el primer encuentro entre el jefe del Estado español y el nuevo **mandatario** norteamericano (*president*)

mando (*m*): el **alto mando militar** ha hecho al Gobierno una serie de recomendaciones (*Chiefs of Staff*); todos los televisores llevan el **mando a distancia** incluido (*remote control*)

manejar [se]*: en medios políticos se **maneja** su nombre como uno de los candidatos (*moot*)

manitas (*m/f*) (*fam*): se oye la taladradora de un **manitas** (*handyman*)

mano (*f*): el pacto fue aprobado ayer **a mano alzada** por 2.665 delegados frente a 111 (*by a show of hands*); **mano dura** contra los kurdos en Turquía (*repression*)

mano a mano (*m*): el sudafricano ganó el Open británico en un **mano a mano** (*play-off*)

manto (*m*): los **mantos freáticos** de la zona no están afectados (*water-table*)

manutención (*f*): a los empleados domésticos se les puede descontar por **manutención y alojamiento** un máximo del 45% del salario mínimo interprofesional (*board and lodging*)

maquillaje (*m*): en su opinión, la **campaña de maquillaje** realizada en los últimos días por el Gobierno resulta ridícula y vergonzosa (*cosmetic campaign*)

máquina (*f/adj*): (*sl*) las discotecas que abren de viernes a lunes sólo programan **música máquina** (*techno music*)

maquinero <-a> (*n/adj*) (*sl*): durante la semana en las discotecas no hay **maquineros** (*techno-music fan*)

mar (*m/f*): el Presidente pilota la nave entre los océanos de parados, la recesión y el **mar de fondo** de la Unión Europea (*brewing storm*); lo hicieron la **mar de bien** (*very well*)

marasmo (*m*): el país no podrá salir del **marasmo** económico en el que se encuentra (*stagnation*)

marco (*m/adj*): hoy día el **marco** obligado de cualquier proyecto de cambio es la democracia (*framework*); el secretario nombró a los que serán autores de la **ponencia marco** para el próximo congreso (*keynote address*)

marca (*f*): España protesta por la paralización de la **Oficina de Marcas** a causa de un contencioso desatado por Holanda (*Patent Office*)

marcha (*f*): iniciaron toda esta guerra terrible para lograr ese objetivo y no van a **dar marcha atrás** ahora (*turn back*); (*fam*) hay unanimidad en reconocer que un fin de semana de **marcha total** les deja destrozados (*continuous rave-up*)

marea (*f*): las **mareas negras** producen daños irreparables en el entorno (*oil slick*)

margen (*m*): el motivo que alarma a los distribuidores es la continua erosión de **márgenes** provocada por algunos establecimientos (*profit margins*)

marras, de (*pl*) (*adj*): respecto al **mandamiento de marras** era y es muy arbitrario (*same old commandment*)

maruja/marujona (*f*) (*fam*): las **marujas** aman los culebrones; en las tiendas, lujosas **marujonas** cargan a sus menudas criadas filipinas con jamones de pata negra (*stereotype of middle-aged Spanish lady*)

marujear (*fam*): la actriz afirmó que no le gustaba quedarse en casa **marujeando** todo el día (*potter about*)

masculinizado <-a>: en la sociedad se da una estructura muy **masculinizada** (*male-oriented*)

masificación (*f*): la **masificación** en las aulas de Derecho no parece importar a los estudiantes (*overcrowding*)

materia (*f*): las sanciones, la escasez de productos, de piezas de recambio y **materias primas** dificultan la reconstrucción del país (*raw material*)

matón <-a> (*n/adj*): bandas de **matones** ultras atacan a los periodistas que critican al presidente argentino (*bully boy*)

matriz (*f/adj*): las secciones sindicales de CC OO y UGT en Seat no se opondrán a la venta de la fábrica de Pamplona a la **matriz** Volkswagen (*parent company*)

mayor (*n/adj*): (*pl*) los adolescentes dicen sentirse muy presionados por los **mayores** (*elders*)

mayorista (*n/adj*): se prevén cambios importantes en el **mercado mayorista** de renta fija (*wholesale market*)

mecenazgo (*m*): se considera fundamental que el Gobierno revise la propuesta de los galeristas en relación al proyecto de **ley de mecenazgo** (*law of patronage*)

mediador <-a> (*n/adj*): la ONU actuó como **mediadora** en el conflicto (*peace broker*)

mediar: el abogado **medió** ante el alcalde en nombre del constructor (*act as intermediary*); los agentes, **sin mediar palabra**, despejaron a golpes la puerta (*without uttering a word*)

medio <-a> (*n/adj*): la **media** anual de consumo de naranjas aumenta cada año (*average*); (*pl*) nueva congelación de salarios para los **profesores de medias** (*secondary-school teacher*); (*pl*) **medios diplomáticos** occidentales interpretaron la visita como un gesto de buena voluntad (*diplomatic circles*); según este experto, el coste **medio** por paciente ha aumentado desde enero de este año (*average*); la rápida actuación de los **medios de auxilio** evitó que la tragedia tuviera mayor dimensión (*emergency services*)

medioambiental (*adj*): la presencia de la instalación militar puede causar un impacto **medioambiental** (*environmental*)

medio ambiente (*m*): es importante estar al tanto de los problemas del **medio ambiente** (*environment*)

mejora (*f*): las claras **mejoras en el nivel de vida** son difíciles de negar (*improvement in one's standard of living*)

menguar: ven así **menguar** su ya mermado poder (*dwindle*)

menoscabo (*m*): 'digo también que esta pretensión es un nuevo **menoscabo** de la democracia' (*discrediting*)

mensáfono (*m*): el Gobierno colombiano prohibió el uso de **mensáfonos** en Medellín, incluso para médicos y centrales de taxis (*intercom*)

mentalizar [se]*: si no conseguimos **mentalizar a la gente** lo único que queda es la ley de la selva (*raise public awareness*)

mentidero (*m*) (*fam*): en los **mentideros** socialistas se especula sobre la capacidad de aguante del ministro (*gossip shop*)

menudeo (*m*): la Policía Nacional llevó a cabo una operación especial contra el tráfico de estupefacientes **al menudeo** en la playa de San Juan (*in small quantities*)

meollo (*m*): el **meollo de la cuestión** está en la forma cómo se llevó el asunto (*nub of the question*)

meridianamente (*adv*): el caso enjuiciado por la Audiencia de Madrid lo pone de manifiesto **meridianamente** (*crystal clear*)

mermar [se]*: los bombardeos del domingo no **han mermado** su fe en una paz posible (*diminish*)

metálico <-a> (*m/adj*): ofrecemos más de doscientos **premios en metálico** (*cash prizes*)

meter [se]*: mató a su amigo porque **se metía con él** (*pick on someone*)

mezquindad (*f*): se han utilizado todo tipo de bajezas, fomentando **mezquindades**, para obtener información manipulada (*malicious behaviour*)

mili (*f*) (*fam*): se anuncia una reducción del período de **mili** (*compulsory military service in Spain*)

militante (*n/adj*): los ciudadanos no **militantes** quieren conseguir la participación en las decisiones de elegir candidatos a alcaldes (*activist*)

militar: se recogen firmas, se discute y se **milita** porque hay un objetivo político que alcanzar (*be an active member of the party*)

minimizar: el Gobierno federal mexicano **ha minimizado** el incidente (*play down*)

minorista (*n/adj*): el vendedor **minorista** compra la mercancía a 150 y la vende por 275 pesetas (*retailer*)

minusvalía (*f*): son 32 jóvenes **con minusvalía psíquica** que se encargan de mantener en buen estado todas las sacas de Correos (*with intellectual impairment/mental disabilities*); la constructora se vio obligada a dotar 2.800 millones de pesetas para provisionar las **minusvalías** que sufrió (*capital loss*)

minusválido <-a> (*n/adj*): es una federación de 155 organizaciones que desarrolla programas para ayudar a los **minusválidos** (*person with a disability*)

mitin (*m*): al **mitin** asistieron unas 8.000 personas (*political rally*)

moco de pavo (*m*) (*fam*): los problemas ecológicos **no son moco de pavo** (*not to be sniffed at*)

modalidad (*f*): elija la **modalidad de pago** que prefiera (*method of payment*)

mojar [se]*: Cataluña **se mojó** en el acto para recoger fondos para la Fundación Esclerosis Múltiple organizado en las piscinas Picornell (*get involved*)

mono <-a> (*n*/*adj*): (*sl*) el **mono** de la heroína no mata, pero el del alcohol sí; llegaron al centro de rehabilitación de drogadictos con el **mono** (*cold turkey*)

monopatín (*m*): los 'skateboard' son una tribu de jóvenes que comparte la pasión por el **monopatín** (*skateboard*)

monta (*f*): son empleados **de poca monta** (*of little importance*)

montón (*m*): los **montones** de basura se apilaban en los alrededores del vertedero municipal (*pile*); (*fam*) me suena un **montón** lo del Tratado de Maastricht (*a lot*)

moratoria (*f*): se ha anunciado una **moratoria fiscal** para las empresas de nueva creación (*tax holiday*)

mordida (*f*) (*fam*): el PP denuncia irregularidades financieras y cobro de '**mordidas**' a médicos (*backhander*)

morfología (*f*): es un hombre con la **morfología** opuesta a la de un escalador (*build*)

morosidad (*f*): la **morosidad**, las suspensiones de pagos, confirman la gravedad de la crisis económica (*delay in payment*)

moroso <-a> (*n*/*adj*): siempre que procedemos a los repasos de los clientes **morosos**, encontramos su nombre en la lista (*in arrears*)

morro (*m*) (*fam*): el alumno **tiene mucho morro** (*have cheek*)

mortal (*n*/*adj*): milagrosamente, no hubo **víctimas mortales** (*fatal casualty*)

mosquear [se]* (*fam*): es normal que el público **se mosquee** con la actitud de algún que otro cantante (*get fed up with*)

Mosso d'Esquadra (*m*) (C): los **Mossos d'Esquadra** localizaron dos emisores en las líneas telefónicas del despacho del ex ejecutivo (*member of Catalan Autonomous Police*)

mover [se]*: el año pasado la modelo **movió** más de 20 millones de pesetas en publicidad (*generate*)

movida (*f*) (*fam*): las esperanzas creadas por aquellas **movidas estudiantiles** no cuajaron (*student protest movement*); Madrid, donde ya nadie habla de la **movida**, se ha vuelto imposible para otros (*ambience of alternative culture in swinging Madrid of the late 1970s and early 1980s*)

movilización (*f*): su primera experiencia política fueron las **movilizaciones estudiantiles** (*student march/demonstration*)

movimiento (*m*): la eclosión de un fuerte **movimiento estudiantil** obedeció a las condiciones impuestas por la dictadura (*wave of student protest*); en los Telebancos 4B puede retirar dinero, consultar saldos y últimos **movimientos** (*transaction*)

muestra (*f*): **muestras de sangre** han sido enviadas para análisis (*blood sample*); en el siglo pasado la ciudad dio al mundo una **muestra** de previsión (*example*)

muestreo (*m*): la falta de fiabilidad se hace más ostensible en las estadísticas cuantitativas elaboradas por **muestreo** (*sampling*)

N

narco (*m*) (*fam*): la policía ha dado a conocer el nombre de la empresa utilizada por el supuesto **narco** (*drug dealer*)

narcotráfico (*m*): es una banda dedicada al **narcotráfico** internacional (*drug trafficking*)

nato <-a> (*f*/*adj*): ya que es **miembro nato** de la Comisión (*ex-officio member*)

natural (*n*/*adj*): junto a ella se encontró R.F.D., **natural** de la localidad leonesa de Tristo (*born in*)

naturaleza (*f*): **da carta de naturaleza** a una mayor conflictividad y a una menor competitividad (*give licence to*)

nefasto <-a> (*adj*): la actuación fue **nefasta**: sólo dos pilotos españoles terminaron entre los quince primeros (*dreadful*)

negro <-a> (*n*/*adj*): estas compañías se dedican a la emisión de facturas falsas que venden a otras empresas con el fin de generar **dinero negro** (*dirty money*)

neurálgico <-a> (*adj*): Barcelona será el **centro neurálgico** europeo de la celebración (*nerve centre*)

niño <-a> **bien**: la candidata tiene aire de **niña bien** (*rich kid*)

nocivo <-a> (*adj*): la mayoría de los productos químicos son **nocivos** para el medio ambiente (*harmful*)

nodriza (*f*/*adj*): un **avión nodriza** abastecía a dos cazas en vuelo (*tanker aircraft*)

nómina (*f*): estas dos cantidades se duplicarán si usted domicilia su **nómina** en nuestro banco (*salary*); el último atentado ha aumentado su triste **nómina** de asesinatos (*toll*)

nominal (*m*/*adj*): Banesto bajará el **nominal** a menos de 500 pesetas (*face value of shares*)

noticioso <-a> (*n*/*adj*): ¿cuántos atentados habrán de cometerse para que pueda ser **noticiosa** la disminución de álamos? (*newsworthy*)

novatada (*f*): el fiscal pide cinco años para tres presuntos autores de **novatadas** en la mili (*prank*)

novato <-a> (*n*/*adj*): ¡bienvenido al campus, **novato**! (*fresher*)

novel (*n/adj*): la ministra anuncia en San Sebastián que sólo habrá adelantos para directores de cine **noveles** (*new*)

novillo (*m*): (*pl*) (*fam*) es un ambiente propicio para **hacer novillos** (*play truant*)

número (*m*): toda la industria europea del acero sufre de un gran exceso de capacidad y **se encuentra en números rojos** (*be in the red*); el **número** que le **montó** la supermodelo a su marido debió de ser de los que hacen época (*make a scene*)

O

objetor <-a> (*n/adj*): los **objetores de conciencia** se oponen a cumplir la prestación alternativa (*conscientious objector*)

obligación (*f*): el Tesoro emitirá **obligaciones** a 15 años a partir de la próxima subasta del 2 de diciembre (*bonds*)

ocasional (*adj*): otros pueden estar realizando **trabajos** esporádicos u **ocasionales** (*casual job*)

ocio (*m*): en la juventud las formas de **ocio** pasivo predominan sobre el activo (*leisure activity*); hoy se habla de la **cultura del ocio** como de una meta histórica (*leisure ethic*)

octavilla (*f*): los senderistas detenidos repartían **octavillas** (*political pamphlet*)

ocular (*adj*): fueron nuevamente identificados por **testigos oculares** (*eye witness*)

oficialidad (*f*): la razón que desde la **oficialidad** policial y judicial se ha expuesto para justificar que este individuo se quedara en libertad raya en lo absurdo (*officialdom*)

oficina (*f*): 'ustedes parecen una **oficina de contratación**', afirmó (*employment office*)

oficiosamente (*adv*): un alto funcionario del gobierno comentó ayer **oficiosamente** que la noticia le resultaba chocante (*off the record*)

oficioso <-a> (*adj*): han conquistado el campeonato del mundo **oficioso** (*unofficial*)

ofimática (*f*): la nueva **ofimática**, con la máxima automatización de los puestos de trabajo en la oficina, es algo ya real (*office technology*)

ojo (*m*): los clientes se apostan con una cerveza en las cercanías del bar **ojo avizor** (*on the lookout*); la diplomacia española **ve con buenos ojos** el establecimiento de un plan de acción práctico (*look favourably upon*)

okupa (*m/f*) (*sl*): una familia de **okupas** fue desalojada el 25 de febrero (*squatter*)

ola (*f*): el programa aconseja tomar medidas frente a desastres naturales como inundaciones y **olas de calor** (*heatwave*); ésta es la última oportunidad de evitar que la **ola bélica** se extienda (*fighting*); las minorías también se han visto amenazadas por la **ola nacionalista** (*wave of nationalism*)

oleada (*f*): Alemania quiere controlar la **oleada** de refugiados (*surge*)

oleaje (*m*): este problema se debatió entre un **oleaje** de reproches y amenazas (*torrent*)

onda (*f*): después de la explosión, la **onda expansiva** se extendió rápidamente (*shock wave/blast*)

operación (*f*): desde el comienzo de las **operaciones bélicas**, los guerrilleros señalaron que aquélla sería su zona de acción (*military operation*); la responsabilidad era del dirigente de la **operación de búsqueda** (*hunt*); hubo retenciones en los accesos a las grandes ciudades al final de la **Operación Retorno** (*holiday traffic heading home*)

operatividad (*f*): la **operatividad** de las fuerzas de seguridad del estado se ha visto reducida últimamente (*operational capability*)

operativo <-a> (*m/adj*): la policía montó un **operativo** en la aduana (*operation*); los **beneficios operativos** ascendieron a 4.362 millones de pesetas (*operational profits*)

oposición (*f*): este texto ha sido duramente atacado por la **oposición** interna del partido (*opposition*); la manera de obtener una cátedra es por **oposición** (*public competitive examination in Spain*)

opositar: los profesores tendrán que volver a **opositar** en caso de querer reintegrarse a la universidad pública (*sit public competitive examination in Spain*)

opositor <-a> (*n/adj*): tampoco se puede saber hasta qué punto los **opositores** se desenvuelven con soltura en el aspecto práctico de la asignatura (*candidate for public competitive examination in Spain*); se niega el visado al líder **opositor** (*of the opposition*)

óptico <-a> (*n/adj*): las señales se reciben desde una báscula, un **lápiz óptico** o un sensor (*electronic scanner*)

optimizar: se debe **optimizar** el uso de electrodomésticos; es necesario emprender acciones tales como **optimizar** la terapia dando el menor número posible de fármacos (*get the most out of*)

órdago (*m*): sostiene que su dimisión no ha sido el **órdago** más caro de su vida (*gamble*)

orden (*m/f*): limitarse a consideraciones de este **orden** daría una visión reducida de la realidad (*kind / nature*); en el **orden del día** sólo figuran asuntos de cierta importancia (*agenda*); ha hecho una serie de recomendaciones con respecto a problemas de **orden público** (*law and order*); la Iglesia Anglicana admitió el **orden sacerdotal femenino** (*ordination of women*); podrían ser embargadas **por orden judicial** (*by court order*); decretó el levantamiento de una de las dos **órdenes de detención** que existen contra el presidente (*detention order*); **orden de busca y captura** contra el independentista como presunto terrorista (*warrant for arrest*); se decretó la **orden de embargo** contra los bienes de la empresa (*injunction*)

ordenamiento (*m*): el **ordenamiento jurídico** que conlleva la Comunidad se ha convertido en parte integrante de nuestra realidad política (*laws*)

ordenanza (*f*): el Ayuntamiento está preparando además una modificación de las **ordenanzas** (*by-law*); el testigo afirmó que el policía corría con la pistola hacia arriba, como mandan las **ordenanzas** (*rule book*)

organigrama (*m*): el presidente intenta convencerle de que ejerza un papel relevante en el nuevo **organigrama** (*structure*)

organismo (*m*): la oferta pública de empleo para el resto de los **organismos públicos** está congelada (*public body*); el problema central será el proyecto de crear un **organismo** de intercambio de información (*forum*); los **organismos** estatales, autonómicos y comunitarios no agotan sus presupuestos (*institution*)

órgano (*m*): le acusa de no reconocer al consejo como **órgano de consulta** (*consultative body*); sus **órganos dirigentes** estaban controlados por el partido comunista (*leading member*); la Comisión es el **órgano ejecutivo** de la Comunidad (*executive arm*); el partido lo planteará también ante los **órganos judiciales** correspondientes (*judicial body*)

orientación (*f*): son quienes marcan las **orientaciones** de la política que hay que hacer (*guideline*)

otorgar: dos películas de producción española han conseguido los galardones más esperados **otorgados** por los miembros del jurado (*awarded*)

P

pabellón (*m*): ninguno de los múltiples colectivos de apoyo a toxicómanos se acercó al **pabellón** (*stand*); los oficiales exigen que la fuerza naval se mantenga bajo **pabellón** ruso (*flag*)

pachorra (*f*) (*fam*): voy al debate de televisión con una tranquilidad que algunos llaman **pachorra** (*nerve*)

pacto (*m*): el **pacto** deja en suspenso la posibilidad de una intervención armada (*agreement*); allanará el camino con los sindicatos para el **pacto social** prometido por el presidente (*social pact*); en su opinión somos un pueblo que tiende al **pacto** antes que al enfrentamiento (*compromise*)

paga (*f*): acababa de cobrar la **paga** y quiso celebrarlo (*wage*)

pagadero <-a> (*adj*): Ud. recibirá a su jubilación una importante ayuda en forma de capital **pagadero** en una sola vez (*payable*)

pagar [se]*: con la comodidad de **pagar** sus facturas **a través del banco** (*pay by direct debit/ standing order*); (*fam*) ahora va a **pagar los platos rotos** por su cuñado (*pay the damages*)

pagaré (*m*): habrá que hacer frente a los fuertes volúmenes de letras y **pagarés** no renovados (*promissory note*); cae la financiación a través de los **pagarés de empresa** (*corporate bond*)

pago (*m*): este programa ha sido producido por el **canal de pago** (*subscription channel*); el **Banco de Pagos** advierte que el paro puede seguir creciendo cuando se supere la crisis (*Bank for International Settlements*); se establece que el **pago** será **contra reembolso** (*cash on delivery*)

paisaje (*m*): la consulta electoral del próximo marzo será la primera de una serie que revolucionará el **paisaje** político francés (*scene*)

paisano <-a>: fue el primer **paisano** que accedió a la Dirección General de la Guardia Civil (*civilian*)

palestra (*f*): el proyecto de la carretera **volvió** recientemente **a la palestra** (*resurface*)

paliativo (*m*): ambas resoluciones condenan **sin paliativos** al gobierno (*unreservedly*)

palmario <-a> (*adj*): fue una muestra **palmaria** del grado de desencuentro entre unos y otros (*blatant*)

palo (*m*): (*sl*) **dar un palo a un banco** requiere mucha información (*hold up a bank*)

pantalla (*f*): creen absolutamente necesario que el MOPTMA instale unas **pantallas acústicas** (*soundproof fencing*)

papelina (*f*): (*sl*) ningún camello se mueve con más de una **papelina** encima (*dose*)

parado <-a> (*n/adj*): el pasado jueves, 10 de los 40 **parados** reconocieron que tenían un empleo (*unemployed*)

paraíso (*m*): la mayoría de los partidos sueñan con un modelo económico que permita la creación de un **paraíso fiscal** (*tax haven*)

paralización (*f*): los partidos de la oposición y los concejales socialistas se han intercambiado graves reproches a causa de la **paralización** en el pleno municipal de un proyecto de estacionamiento (*halting*)

paralizar [se]*: Jerez **quedó paralizada** por la convocatoria de huelga hecha por los sindicatos (*come to a standstill*)

paraninfo (*m*): la inauguración tendrá lugar en el **Paraninfo** de la Universidad de Valencia (*venue for official university events*)

parche (*m*): ésta es la época del **parche**: da igual que sea económico, psicológico, cultural o gastronómico (*slapdash approach*); **parches de nicotina** para dejar de fumar (*nicotine patch*)

parcheo (*m*): los ministros de Medio Ambiente sólo hacen **operaciones de parcheo** o imagen (*cosmetic/stopgap measure*)

parcial (*adj*): este sistema ha permitido el **empleo a tiempo parcial** en algunos países (*part-time employment*)

pareado <-a> (*n/adj*): tiene a su alcance magníficos chalets **pareados** o adosados en una urbanización de lujo (*semi-detached*)

paro (*m*): el dirigente exhorta al Gobierno a combatir el **paro** y la corrupción (*unemployment*); el ministro de Trabajo propuso que se pagara a los palestinos en **paro forzado** algún tipo de prestación (*forced redundancy*); su compañero de piso va a empezar a **cobrar el paro** (*receive unemployment benefit*); CC OO ha convocado un **paro general** para mañana (*general strike*)

parón (*m*): ha habido un **parón** en los créditos (*sudden halt*)

parque (*m*): el responsable del **parque informático** de la Universidad ha dimitido (*computing facilities*); gozan de un **parque móvil** de más de 300 vehículos (*fleet of cars*)

parte (*m/f*): las constantes vitales del presunto contrabandista se mantienen, agrega el **parte médico** (*medical bulletin*); la entrega de los **partes de confirmación de la baja médica** es obligatoria para cobrar la prestación económica (*medical certificate*)

partícipe (*n/adj*): la delegación está dispuesta ahora a que los ayuntamientos palestinos **sean partícipes de la responsabilidad** sobre el reparto de tierras (*be allowed a share of the responsibility*)

partida (*f*): el término 'hembra', que persiste en las **partidas de nacimiento**, será sustituido por el de 'mujer' (*birth certificate*); la Brigada de Intervención francesa se incautó el pasado jueves de una **partida** de mil dosis de anabolizantes comprados en España (*consignment/ haul*); el presupuesto de Defensa para 1995 incluye una **partida** de 6.500 millones de pesetas para retribuir económicamente a los reclutas destinados a puestos de mayor responsabilidad (*sum of money*)

partidario <-a> (*n/adj*): son **partidarios** de pactos puntuales (*supporter*)

partidismo (*m*): la oposición criticó el **partidismo** del Gobierno (*partisanship*)

pasar [se]*: (*fam*) algunos jóvenes **pasan** de los enfermos del sida porque dicen que ellos se lo han buscado (*not care less about*); (*fam*) hay que controlar al personal pero sin **pasarse** (*go overboard/over the top*)

pase (*m*): el coste medio de **pase** por película fue de 9.6 millones de pesetas (*showing*)

pasillo (*m*): la falta de presupuesto paraliza la construcción de **pasillos verdes** (*country footpath*)

pasivo <-a> (*n/adj*): debido a la actuación del director el banco ya tiene un sinfín de **pasivos a largo plazo** (*long-term liabilities*); la pensión de las **clases pasivas** sube un 5,7% (*non-earners*)

pasota (*n/adj*): (*fam*): y aparece la figura del **pasota**, distinta de la de luchador por la libertad (*person who rejects conventional values*)

pasotismo (*m*): no todo ahora es **pasotismo** o individualismo competitivo (*indifference to conventional values*)

pasta (*f*): (*fam*) se gastaron toda la **pasta** en el bar (*dosh*)

pasteleo (*m*) (*fam*): parece el diario de un **pasteleo** (*fishy business*)

patada (*f*): el polémico artículo de la **patada en la puerta** fue declarado inconstitucional en noviembre (*forced entry*)

pataleo (*m*): al escritor no se le concede siquiera el **derecho al pataleo** (*right to protest*)

patente (*f/adj*): la comisión considera que el Gobierno ha otorgado a los sindicatos **patente de corso** para convocar huelgas (*complete licence*)

patrimonial (*adj*): el crecimiento de esta firma sigue determinado por el volumen de **ingresos patrimoniales** (*capital income*)

patrimonio (*m*): las mayores novedades en la declaración del IRPF corresponden al **patrimonio** (*estate*); los Gabinetes Pedagógicos de Bellas Artes impulsan la función educativa del **patrimonio** histórico-artístico (*heritage*)

patrocinador <-a> (*n/adj*): la marca Fortuna será la **patrocinadora** del equipo olímpico español de vela (*sponsor*)

patrocinio (*m*): el objetivo de este **patrocinio** es la creación de un catálogo completo de servicios (*sponsorship*)

patronal (*f/adj*): Gobierno, sindicatos y **patronal** aceleran hoy la negociación del pacto social (*employers*)

patrulla (*f*): el Ministro del Interior ha advertido que se corre el peligro de que las **patrullas de autoprotección** puedan alterar la seguridad ciudadana (*vigilante group*)

pauta (*f*): existen muchas fórmulas que pueden servir de **pauta** (*guideline*); sus palabras **dieron la pauta** de la dirección que él tratará de imprimir al debate (*set the tone*)

pedido (*m*): solicite los **pedidos** directamente a la librería (*order*)

pedo (*m*): (*fam*) 'los jóvenes salen de sus casas para **ponerse pedo**', explica el dueño de un local de copas; los chicos de 16 **se cogen un pedo** y luego se la dan en su moto (*get blotto*)

pegar [se]*: (*fam*) a mi cara le **pega** la barba (*suit*)

peinar [se]*: policías y militantes **peinan** dos barrios de Lima a la caza de senderistas (*comb*)

pellizco (*m*): (*fam*) Disneylandia-París garantiza un buen **pellizco** anual en materia de impuestos (*a tidy sum*)

pelotazo (*m*): el presidente aseguró ayer que la **cultura del pelotazo** ha terminado y vuelve el predominio de la economía productiva (*get-rich-quick mentality*)

pendiente (*n/adj*): el atleta tiene una **cuenta pendiente** con la Federación tras su sanción por dopaje (*account to settle*); la empresa tiene dos millones de pesetas **pendientes de pago** (*outstanding*)

peneuvista (*n/adj*): fuentes de la dirección **peneuvista** señalaron que contaban con desarrollar una estrategia conjunta (*of the PNV party*)

pensión (*f*): busca y captura de un padre separado por impago de **pensión alimenticia** (*maintenance*)

peón (*m*): un reportaje sobre las familias de los **peones** agrícolas sin trabajo (*hired labourer*)

peonada/ peoná (*f*) (*fam*): detenidos un concejal y un ex alcalde por firmar **peonadas** falsas; su principal objetivo es acumular al año las 60 **peonás** preceptivas para poder cobrar al año siguiente el subsidio de desempleo (*hired labourer's working day in southern Spain*)

pepero <-a> (*n/adj*) (*fam*): lejos de las normas de imagen diseñadas por los **peperos**, asegura ser una mujer de su época (*member of Partido Popular*)

percance (*m*): cuando era una carretera sinuosa, registró pocos **percances** (*accident*)

percepción (*f*): según CC OO la suspensión de pagos de este grupo financiero pone en peligro la **percepción** de las prestaciones que los jubilados cobran (*drawing*)

percibir: la compañía achaca la caída de los beneficios a la reducción de las comisiones **percibidas** (*received*)

perfil (*m*): indicó que se han producido casos de alteración de los **perfiles de puestos de trabajo** para favorecer a personas afines al PP (*job description*)

perfilar [se]*: dos tecnócratas del antiguo régimen **se perfilan** como candidatos (*emerge*)

pericial (*adj*): el magistrado pospone la ratificación del **informe pericial** (*experts' report*)

perito <-a> (*n/adj*): el informe de los **peritos** confirmaba el pago de casi mil millones de pesetas (*expert*)

persona (*f*): controles de carretera impedían el acceso de las **personas no acreditadas** (*unauthorized person*)

personal (*m/adj*): un incendio calcinó una vivienda sin causar **daños personales** (*human casualty*)

personalidad (*f*): la mayoría de los centros en el extranjero carece de **personalidad** jurídica y fiscal (*status*)

personar [se]: un representante del partido **se personó** en el sumario (*appear*)

peso (*m*): la policía francesa detuvo ayer a uno de los etarras con mayor **peso** actual en la organización (*influence*)

petición (*f*): se mostró en contra de la **petición de indulto** (*plea for pardon*); se anuncia la **petición pública de ofertas** para la implantación de un sistema de accesos (*putting out to tender*)

peticionario <-a> (*n/adj*): los africanos, que fueron acogidos por el Gobierno español, son ahora **peticionarios de asilo** (*asylum seeker*)

petróleo (*m*): una enorme **mancha de petróleo** invadía la bahía (*oil-slick*); ha empezado el proceso de limpiar los **vertidos de petróleo** (*oil-spill*)

petrolero (*m*): el **petrolero** se hundió frente a las costas gallegas (*oil-tanker*); las hipótesis sobre la autoría del asesinato del secretario general del partido apuntan a senadores y **petroleros** (*oil baron*)

picado (*m*): los profesores manifestaron su preocupación hacia la **caída en picado** de la demanda de carreras de humanidades (*nosedive*)

pico (*m*): (*sl*) una de las primeras cosas que descubre el recién llegado es que un **pico** de heroína sólo cuesta 25 dólares (*shot*)

picota (*f*): la guerra entre Carlos y Diana **pone** a la familia real **en la picota** (*put the spotlight on*)

pijo <-a> (*n/adj*) (*fam*): los **pijos** van a colegios privados (*rich kid*)

pillar [se]*: (*fam*) el cierre de la M-40 **ha pillado en fuera de juego** a los miembros de la Asociación Ecologista para la Defensa de la Naturaleza (*catch off guard*)

pillería (*f*): la **pillería** se extiende por Argentina (*graft*)

pilotar: a este país le ha correspondido **pilotar** el Consejo de Ministros de la Comunidad Europea (*steer*); el presidente pretende mantenerse como secretario general para **pilotar** su sucesión (*oversee*)

piloto (*n/adj*): visite el **chalet piloto** en la propia urbanización (*show house*)

pin (*m*): al comprar dos botellas de refresco, regalaban un **pin** con el último muñeco olímpico (*badge*)

pinchadiscos (*m/f*) (*fam*): después de ser **pinchadiscos** en varias discotecas pasó a la radio (*disc jockey*)

pinchar [se]*: (*fam*) es un ex drogadicto que dejó de **pincharse** hace un año (*take drugs intravenously*)

pinchazo (*m*): recibió en la cabeza el **pinchazo** del punzón que acabó con su vida (*stab*); descubierto un **pinchazo telefónico** a un ex ejecutivo de la multinacional (*telephone tap*)

pintada (*f*): los vecinos compiten con los jóvenes en el contenido de las **pintadas** (*graffiti*)

piña (*f*): los fieles del vicesecretario siguen **haciendo una piña** a su alrededor (*rally round*)

pirata (*n/adj*): nueva campaña publicitaria para que el usuario renuncie a utilizar **autocares pirata** (*coach run by cowboy operator*); tres **piratas** argelinos secuestraron un vuelo interior y lo condujeron a Palma (*hijacker*)

piratear (*fam*): suena a todo volumen música repetitiva, fabricada a base de aparatos electrónicos y **pirateando** sonidos ajenos (*sample*)

piropo (*m*): pese a la tradicional flema británica, periodistas y críticos **han lanzado más de un piropo** a la ministra (*praise the style of*)

pirrar [se]* (*fam*): no todos los jóvenes **se pirran** por los estudios (*enthuse about*); me **pirra** el laúd (*drive someone wild*)

pista (*f*): le **seguirán la pista** sin descanso (*stay on someone's trail*)

pitada (*f*): **pitadas** contra el candidato presidencial en un mitin (*jeer*)

plan (*m*): nuevo **plan de pensiones** para nuestros clientes (*pension scheme*)

plana (*f*): el periódico dedicó al tema toda su **primera plana** (*front page*)

planear: el autoritarismo parece **planear** sobre Rusia de nuevo (*hover*)

plantar [se]*: 300 alumnos de COU **se plantaron** hace poco ante el Ministerio de Educación (*demonstrate*)

plante (*m*): los abogados de presos de ETA continuarán su **plante** en los juicios de la Audiencia Nacional (*industrial action*); 400 presos realizan un **plante** por la mala comida (*protest*)

planteamiento (*m*): el partido debe ser flexible en sus **planteamientos** (*stance*)

plantilla (*f*): la empresa cuenta actualmente con una **plantilla** de 38 trabajadores (*staff/workforce*)

plantón (*m*): Vallines **dio plantón** al candidato en la primera cita para echar al presidente (*stand someone up*)

plazo (*m*): anunciaban un ultimátum para que, **en el plazo de un mes**, se promulgue la nueva ley (*within a month*); adquiera el último modelo comprándolo **a plazos** (*on credit*)

plegar [se]*: hay indicios de que la conferencia de paz de Londres **se plegará** a los hechos (*give in to*)

pleito (*m*): el Gobierno adopta criterios para evitar leyes confusas que aumentan los **pleitos judiciales** (*lawsuit*)

plenario <-a> (*n/adj*): los diputados tendrán que decidir en **sesión plenaria** si dan o no vía libre a los jueces (*full session*)

pleno <-a> (*m/adj*): se llevó a cabo la votación en el **pleno** del parlamento vasco; hoy se celebra el primer **pleno** del Ayuntamiento (*full session*)

pluriempleo (*m*): lucharon por salir adelante mitificando el trabajo duro y el **pluriempleo** (*moonlighting*)

plusvalía (*f*): ¿le parece a usted aceptable la apropiación de **plusvalías** de parte de Renfe? (*capital gains*)

población (*f*): se presenta en estas páginas la **población** de todos los municipios (*population*); los hechos ocurrieron en el interior de un bar de la **población** (*village/ town*)

polideportivo (*m/adj*): las viviendas están en una zona bien situada, con escuelas, **polideportivo** y áreas comerciales (*sports centre*)

polígono (*m*): la compañía está situada en el **polígono industrial** (*industrial estate*)

político <-a> (*n/adj*): de joven, sus intereses prioritarios fueron la historia y la **política** (*politics*); la **política exterior** del Gobierno no va a cambiar a pesar del cambio de ministro (*foreign policy*); ésta es la nueva **política de rigor** del gobierno (*austerity policy*); cualquier decisión que se tome será una decisión **política** (*political*)

polivalencia (*f*): se les exige una elevada **polivalencia** y flexibilidad para adaptarse a la evolución de la técnica (*versatility*)

polizón (*m*): desaparecen seis **polizones** africanos que intentaron pedir asilo en Valencia (*stowaway*)

polvo (*m*): los consumidores del **polvo blanco** que necesitan ayuda especializada son pocos, pero su número aumenta de manera preocupante (*cocaine*)

ponencia (*f*): el economista dijo que había sido una **ponencia** muy larga (*talk/speech*)

ponente (*n/adj*): uno de los **ponentes** de la sentencia entró en la sala (*speaker*)

popular (*n/adj*): Izquierda Unida votó en contra en ambos casos por considerarse excluida del pacto entre **populares** y socialistas (*member of Partido Popular*)

porfa [por favor] (*fam*): no digas esas cosas, **porfa**, . . . (*please*)

porro (*m*) (*sl*): fumo de lo que me dan y lo que me dan puede ser un **porro** (*joint*)

portador <-a> (*n/adj*): prohibida en EE UU la entrada de **portadores de VIH** (*HIV carrier*)

portavoz (*m*/*f*): la **portavoz** del Gobierno dio explicaciones a la prensa sobre la entrevista entre el Rey y el presidente (*spokesman*/*spokeswoman*)

portazo (*m*) (*fam*): Disney **dio el portazo** definitivo a las esperanzas españolas (*slam door on*)

postulado (*m*): es usual que el Gobierno imponga un **postulado económico** que no se sabe si dará resultado (*economic plan*)

potencialización (*f*): en esta política de **potencialización** de los informativos, la SER ha abierto delegaciones en Bonn y Moscú (*maximizing the possibilities*)

potenciar [se]*: la primera medida es **potenciar** el tratamiento de aguas residuales (*improve*)

preaviso (*m*): si el contrato ha durado más de un año, el **preaviso** para finalizar el contrato ha de ser hecho con veinte días de antelación (*notice*)

prebenda (*f*): las **prebendas** del poder han de disminuir para poder regenerar la política española (*perk*)

precampaña (*f*): el líder, ayer de **precampaña** en Granada, aseguró que mantendría bajo sospecha al Gobierno por facilitar la huida del director (*pre-election campaign*)

precintar: la casa ha quedado **precintada** (*sealed off*)

precio (*m*): es la máquina que le ofrece la mejor **relación precio/rendimiento** del mercado (*value for money*)

preconizar: los expertos **preconizan** que el escaso consumo de los productos ecológicos dificultará la penetración de nuestros productos en Europa (*warn*)

preestreno (*m*): en el **preestreno** de la obra todos los miembros de la compañía se negaron a saludar a la ministra (*preview*)

prejubilación (*f*): la compañía propone un recorte de plantilla de 2.120 trabajadores mediante **prejubilaciones** (*early retirement*)

prestación (*f*): esta interrupción no podrá afectar a la **prestación** de los servicios (*provision*); el Sistema Nacional de la Salud ofrecerá un nuevo catálogo de **prestaciones** (*facilities*/*service*); la **prestación económica** en caso de enfermedad es un logro social de indudable valor (*sick pay*); los obreros a quienes se impide acudir al trabajo no perciben ningún tipo de **prestaciones de desempleo** (*unemployment benefit*); año tras año, nuevos productos y mejores **prestaciones** aparecen en el mercado (*range of facilities*); muchos jóvenes rechazan el modelo de servicio militar obligatorio y de **prestación social sustitutoria** (*alternative community service*)

prestar [se]*: se negó a **prestar declaración** (*testify*)

presunto <-a> (*adj*): los funcionarios desplazados a Ceuta pudieron comprobar **presuntas** irregularidades y negligencias (*alleged*)

presupuestar: ¿dónde están los 3.000 millones que el Gobierno **presupuestó** el pasado año para avalar empresas en crisis? (*allocate/ set aside*)

presupuestario <-a> (*adj*): cualquier solución a la crisis pasa por un cambio radical en la política **presupuestaria** (*budgetary*); el Ejército ha sido el más afectado con un **recorte presupuestario** del 80% (*cut in the budget*)

presupuesto (*m*): el actual es el **presupuesto** más restrictivo en 20 años (*budget*); el **presupuesto** dedicado a la investigación es bastante más bajo (*funds*)

prevención (*f*): 'he visto a presos que al salir de la **prevención** no se tenían en pie' (*detention*)

preventivo <-a> (*adj*): el juez les **condenó a prisión preventiva** (*remand in custody*)

previsión (*f*): se desarticuló el sistema estatal de **previsión social** y de salud (*social welfare*)

prima (*f*): este último año se han recortado hasta el 10% las **primas** por beneficios de los directores (*bonus*)

prima única (*f*): Hacienda notificó ayer a La Caixa ocho actas de la inspección fiscal por las operaciones efectuadas por la entidad a través de las denominadas '**primas únicas**' (*single-premium insurance*)

primar: no es la estética lo que **prima** (*come first*); el secretario general **primará** la profesionalidad de los candidatos (*give priority to*)

prisión (*f*): el fiscal pide para las procesadas una condena de cinco años de **prisión menor** (*medium-term jail sentence*); el joven gijonés fue condenado a una pena de 28 años de **prisión mayor** por la muerte de su esposa (*long-term jail sentence*); el juez les **condenó a prisión preventiva** (*remand in custody*)

problemática (*f*): la principal **problemática** de la mujer ciega es la desconfianza de la sociedad (*predicament*)

procesado <-a> (*n/adj*): los 47 **procesados** pueden gozar del privilegio de poder ausentarse del tribunal en aquellas sesiones que no les afecten (*defendant*)

procesamiento (*m*): el senado venezolano vota el **procesamiento** del presidente (*indictment*)

profesor <-a>: el sorprendido **profesor** denunció las irregularidades del examen (*teacher/ lecturer*)

progre (*n/adj*) (*fam*): algunos me hacen reír, son de derechas y van de **progres** (*trendy leftie*)

progresista (*n/adj*): un grupo de jueces **progresistas** fundaron en su día la Asociación Jueces para la Democracia (*progressive*)

pronto (*m*/*adj*/*adv*): la portavoz del Grupo Socialista de la Asamblea tiene un **pronto** que la hace destacar entre los otros diputados (*quick temper*)

pronunciar [se]*: se pide que el Presidente **se pronuncie** (*take a stance*)

prórroga (*f*): agregó que los nacionalistas catalanes no pactarán una **prórroga** de la política actual (*continuation*)

protagonismo (*m*): el vicepresidente del Gobierno tendrá **gran protagonismo** en Cataluña (*high profile*); los ciudadanos esperan que se fomente el **protagonismo** de la sociedad (*involvement*)

provocador <-a> (*n*/*adj*): **provocadores pagados** arremeten en Argentina contra los medios de comunicación críticos al presidente (*paid agitator*)

prueba (*f*): la **prueba de fuego** fue la conferencia de octubre (*acid test*)

público <-a> (*m*/*adj*): el cantante actuó en Madrid ante un **público** que pecó de pasivo (*audience*); el ministro de **Obras Públicas y Transportes** asistió a la inauguración de la depuradora (*Transport Minister*)

pucherazo (*m*) (*fam*): fue recibido por el alcalde con un '¿qué haces aquí? esto es un **pucherazo**' (*gerrymander*/*election fiddle*)

puente (*m*): 80 personas murieron durante el **puente** (≈ *extended Bank Holiday*); estas personas **hacían de puente** entre los narcos y los bancos (*act as intermediary*); todo lo cual arroja negras sombras sobre la efectividad de este **puente aéreo** (*airlift*); el **puente aéreo** Madrid–Barcelona es un servicio de IBERIA (*shuttle*)

puerto (*m*): una amplia zona residencial, con hoteles, campo de golf y **puerto deportivo** (*marina*)

puesta (*f*): se decidirá la **puesta en marcha** de la segunda fase del acuerdo (*setting in motion*)

puja (*f*): la **puja** alcanzada esta semana en la subasta de arte contemporáneo se considera todo un éxito (*bids*); la **alta puja** del BBV provoca la retirada de Bankinter, Caja Madrid y El Corte Inglés (*bid price*)

punta (*f*/*adj*): sus periódicos se han distinguido como **puntas de lanza** en la revelación de historias comprometedoras (*spearhead*); menos frecuentes son las comparaciones sobre nuestra productividad científica y la presencia de España en la **investigación punta** (*latest research*); se trata de un producto de **tecnología punta** que responde a las necesidades de las bibliotecas (*state-of-the-art technology*)

puntero <-a> (*adj*): las instalaciones fueron presentadas como **punteras** en el campo de adiestramiento de pilotos (*leading*)

punto (*m*): pocos **puntos de venta** obtienen beneficios superiores al 25 por ciento (*retail outlet*); en el **punto de mira** están directivos bancarios y cambistas (*firing line*)

puño (*m*): lo que más se piden son **puños americanos** (*knuckleduster*)

pupas (*m/f*) (*fam*): es un **pupas**: sus proyectos siempre salen mal (*accident-prone person*)

pyme (*f*): el ministro presentó la posición del Gobierno en materia de medidas particulares de apoyo a las **pymes** (*small and medium-sized business*)

Q

quebradero (*m*): (*fam*) el nuevo modelo está resultando un **quebradero de cabeza** para los médicos (*headache*)

quebrantar [se]*: la policía arrastra hasta la cárcel a 33 insumisos que **quebrantaron sus condenas** (*break terms of imprisonment*)

quebrar [se]*: el Banco de Valladolid **quebró** tras la paralización de las obras (*go bankrupt*)

quemar [se]*: (*fam*) los jóvenes españoles **queman** en el fin de semana entre las 2.000 y las 5.000 pesetas (*go through*); (*fam*) estoy **quemado** y no es del sol (*fed up*); el Gobierno intenta 'no **quemar**' a sus candidatos (*overuse*)

querella (*f*): los católicos que presentaron una **querella** contra el grupo teatral han sido condenados a pagar las costas del proceso (*private prosecution*); sobre los dos recaen tres **querellas** presentadas por los familiares del ex ministro (*criminal charge*)

querellante (*n/adj*): el abogado **querellante** consideró una aberración la actitud del juez (*acting for the plaintiff*)

quiebra (*f*): la empresa constructora se ha declarado **en quiebra** (*bankrupt*)

quiniela (*f*): primera semana de torneo, primera semana de **quinielas** (*football pools*); éste fue uno de los primeros nombres que apareció en las **quinielas de ministrables** (*list of likely candidates for Cabinet*)

quinielista (*n/adj*): los **quinielistas** no deberán descartar ningún resultado favorable a los equipos que necesitan los dos puntos para ganar este campeonato (*person who does the football pools*)

quinqui (*m*) (*sl*): los **quinquis** se han reconvertido al narcotráfico (*petty thief*)

R

racha (*f*): el equipo local sigue teniendo **buena racha** tras ganar a sus rivales (*wave of success*); las acciones en alimentación han seguido la **racha** moderada y no han registrado un incremento global (*trend*)

radio (*f*): (*fam*) los niños han usado su propia **radio macuto** para difundir el número de 'Nuestro teléfono' (*grape-vine*)

radioaficionado <-a> (*n/adj*): un **radioaficionado** comentó que la población no ha encontrado los paquetes lanzados por aviones estadounidenses (*radio ham*)

ráfaga (*f*): una furgoneta fue barrida por una larga **ráfaga de ametralladora** (*burst of machine-gun fire*)

ralentización (*f*): todo el sector sufre una **ralentización** (*slowing down*)

ralentizar: un Estado no puede impulsar o **ralentizar** un proceso judicial (*slow down*)

rasero (*m*): no pueden medir con el mismo **rasero** a los conductores normales y a los camioneros (*yardstick*)

rastrear: la policía intenta **rastrear** la procedencia del coche a través del número de chasis (*track down*)

rastreo (*m*): la policía puso en marcha una **operación de rastreo** en varios suburbios de la capital (*search*)

razón (*f*): parece que últimamente los hechos le **dan la razón** (*prove someone right*)

reacomodo (*m*): calificado por el ministro como una nueva fase de **reacomodo industrial**, las medidas gubernamentales tratan de recomponer el tejido industrial y laboral (*industrial restructuring*)

reactivación (*f*): las fuerzas sociales reclamaron ayer medidas económicas que permitan la **reactivación** económica (*revival*)

reajustar: el ministro advierte que la inflación obliga a **reajustar** el presupuesto (*cut back*)

reajuste (*m*): el presidente impuso un severo **reajuste** económico (*cutback*)

rebaja (*f*): la peseta se recupera mientras el mercado espera una **rebaja de tipos de interés** (*fall in interest rates*)

rebasar: en 150 kilómetros a la redonda no hay una sola población ni capital de provincia que **rebase** los 45.000 habitantes (*exceed*)

rebotado <-a> (*n/adj*): (*fam*) sin embargo en Medicina o en ingenierías son pocos los **rebotados** (*student who had applied unsuccessfully to another department or university*)

rebrote (*m*): un **rebrote** de violencia xenófoba ha causado tres muertos (*new outbreak*)

recalar [se]*: debido a la niebla el vuelo **recaló** en Valencia, desde donde regresó a la capital (*touch down*)

recalcar [se]*: el ministro de Defensa **recalca** que la crisis no impedirá la reforma de los ejércitos (*emphasize*)

recargo (*m*): se establece un **recargo** del 20% sobre la tasa fiscal que grava los juegos de azar (*surcharge*)

recaudación (*f*): tienen la opción de mantener el precio al consumidor y aumentar su **recaudación fiscal** (*tax receipts*)

recaudador <-a> (*n/adj*): el pago de las cotizaciones se hará efectivo en las **Oficinas Recaudadoras** (*tax office in Spain*)

recaudar: se **recaudaron** doce millones de pesetas en la gala contra el sida (*collected*)

recaudatorio <-a> (*adj*): el gobierno no desdeña las **posibilidades recaudatorias** de la imposición sobre el consumo de los derivados del petróleo (*possibilities of additional revenue*)

receta (*f*): otra medida necesaria es una regulación legal apropiada, huyendo del uso y venta sin **receta** (*prescription*)

recibo (*m*): las ofertas se entregarán antes de las 11.30 horas, pudiendo solicitar **recibo acreditativo** de la presentación realizada (*receipt*)

reclamo (*m*): estropean la belleza que constituye precisamente el **reclamo** de las visitas turísticas (*selling point*)

recogepelotas (*m/f*): también cayeron seis **recogepelotas**, lo que originó que la organización permitiese a los niños ponerse una gorra (*ballboy/girl*)

recoger [se]*: se **recoge** en el Plan la desaparición de la terminología sexista en los impresos oficiales (*register*); explicó en conferencia de prensa – momento que **recoge** la fotografía – los detalles de su espectacular huida (*catch*)

reconducir: un grupo de trabajadores se ha dirigido a la universidad balear para intentar **reconducir** el previsto cierre de la planta (*reopen discussion about*)

recontra (*m*): refuerzos para las posiciones que los **recontras** tienen en el norte (*relapsed ex-Contra guerrilla in Nicaragua*)

reconversión (*f*): problemas surgidos de la última **reconversión** de Altos Hornos (*rationalization*)

recordatorio <-a> (*m/adj*): los muertos de estos días son cruel **recordatorio** de una misión inacabada (*reminder*)

recorte (*m*): fue despedido en diciembre afectado por un **recorte de personal** (*staff reduction*); el partido da marcha atrás y suaviza su propuesta de **recortes sociales** (*cutback in welfare provision*)

rector <-a> (*n/adj*): el **consejo rector** de la cooperativa de viviendas no puede adoptar ningún acuerdo sin consultar (*governing council*)

recuperación (*f*): el sistema está dividido en los siguientes subsistemas: catalogación y clasificación, y **recuperación** de información bibliográfica (*retrieval*)

recurrir: el Gobierno **recurre** a la aviación para sofocar la revuelta mexicana (*resort to*); HB ha anunciado su decisión de **recurrir** (*appeal*); el abogado del Estado **recurre** contra la libertad provisional del acusado (*appeal against*)

recurso (*m*): el Tribunal Supremo no admitió su **recurso** (*appeal*); el abogado **presentó recurso** contra la resolución adoptada por la jueza (*appeal against*); la compañía hortofrutícola presentó ayer un **recurso de alzada** contra la decisión (*appeal*); el tribunal ha desestimado el **recurso de casación** presentado por los católicos (*appeal for quashing of judgement*)

recusar: el alcalde intenta **recusar** a uno de sus concejales (*rebuff*); el Tribunal Supremo denuncia por injurias al abogado que **recusó** a sus magistrados (*fail to show proper respect for the bench*)

red (*f*): la nueva configuración de la **red viaria** en la Costa del Sol no ha impedido que sigan produciéndose retenciones de tráfico (*road network*)

redada (*f*): masiva **redada** en El Cairo tras el atentado contra el primer ministro egipcio (*police raid*)

reducir [se]*: se escaparon de la prisión tras haber **reducido** a los guardianes (*overcome*)

reforma (*f*): la **reforma** del edificio ha costado 130 millones de francos (*refurbishment*); cambios introducidos tras las últimas **reformas impositivas** (*tax reform*)

refrendo (*m*): el presidente niega su **refrendo** para que entre en vigor la nueva legislación (*approval*)

registrar [se]*: Periodismo y Química son las profesiones que **registran** una mayor presencia de mujeres (*record*); el número más bajo de votantes se **registraba** en la república más distanciada de Moscú (*be recorded*)

registro (*m*): el conocimiento policial de un delito no basta para un **registro** (*search*)

regla (*f*): según fuentes del gobierno, hay otros 20.000 emigrantes que tienen ya todos los **papeles en regla** (*documents in order*)

reguero (*m*): se produjo por segunda vez en cuatro meses un **reguero** de más de 60 atentados contra intereses turcos en Europa (*stream*)

regularizar: el contribuyente **ha regularizado** su situación con Hacienda (*bring up to date*)

rehabilitación (*f*): apoyo gubernamental a la política de **rehabilitación social** de los etarras (*reintegration into society of those who have renounced violence*)

reincidir: el retraso habitual en el cobro del subsidio de excarcelación favorece que muchos presos **reincidan** (*reoffend*)

reinserción (*f*): entre las medidas está la **reinserción** de los toxicómanos (*rehabilitation*); el ministro defenderá la **reinserción** de los etarras aunque sea impopular (*reintegration into society of those who have renounced violence*)

reinsertar [se]*: los vecinos, votantes de HB, callan sobre el etarra que **reinsertó** el alcalde (*rehabilitate*)

reintegrar [se]*: la fórmula habitual es **reintegrar** el gasto al usuario varios meses después de la intervención (*refund*)

reintegro (*m*): el año pasado hubo 62 solicitudes de **reintegro de gastos** por intervenciones de ciudadanos españoles en hospitales extranjeros (*reimbursement*)

relaciones públicas (*m/f*): el **relaciones públicas** de la empresa quiso intervenir en la conferencia de prensa (*Public Relations Officer*)

relámpago (*m/adj*): González tiene programado un **viaje relámpago** a Sevilla (*flying visit*)

relevar [se]*: los jefes no acatarán la pretensión de la presidenta de **relevar** al general (*relieve someone of his/her command*)

relevo (*m*): **dio el relevo** del liderazgo al joven (*hand over responsibility*); jóvenes coroneles **toman el relevo** en la cúpula militar (*take over responsibility*); los miembros planean el **relevo** del líder (*replacement*)

relieve (*m*): ambos hechos dan un **relieve** especial a su captura (*significance*)

remesa (*f*): esta **remesa** no ha sido abonada todavía (*consignment*); un mes después, Interior tuvo conocimiento de una segunda **remesa** de cartas (*batch*)

remitir [se]*: **remite** la polémica sobre el aborto (*abate*)

remodelación (*f*): esta exigencia de calidad ha supuesto una **remodelación** de las áreas productivas (*revamping*); ya se habla de una **remodelación del gobierno** (*cabinet reshuffle*)

remontar [se]*: la tenista española sigue los consejos de un especialista para **remontar** a la bielorrusa (*defeat*)

remozar [se]*: el palacio ha sido **remozado** a un costo de 200.000 dólares (*refurbished*)

rendimiento (*m*): el bajo **rendimiento** en las universidades es una constante en crecimiento (*level of achievement*); los betabloqueantes son sustancias que disminuyen la tensión arterial y mejoran el **rendimiento** en deportes de precisión como el tiro (*performance*); los **rendimientos** no afectan a la declaración de renta en tanto no se produce la retirada del dinero (*capital gains*)

renovador <-a> (*n*/*adj*): El PSOE considera acabada la guerra interna con el triunfo de los **renovadores** en Andalucía (*supporter of modernizing tendency in the PSOE*)

renqueante (*adj*): en Argentina estamos viviendo una democracia **renqueante** (*lame*)

rentabilidad (*f*): se han producido muchos **estudios de rentabilidad** sobre el sector textil (*profitability study*); se observa la evolución de las **rentabilidades** en el mercado de deuda (*profits*)

rentabilizar [se]*: es importante que los empresarios sean mucho más agresivos en esa aventura de **rentabilizar** las oportunidades (*increase the profitability of*); la presencia de estudiantes **rentabiliza** las infraestructuras y dará vida a la playa durante el invierno (*make economically viable*)

rentable (*adj*): hasta entonces no era **rentable** dedicar un ordenador central a estas tareas (*cost-effective*)

reparto (*m*): Europa salva la crisis surgida por el **reparto** de los fondos estructurales (*allocation*); se inicia hoy el **reparto de carteras** de la Comisión Europea (*sharing out of portfolios*)

repesca (*f*): (*sl*) los alumnos de septiembre que ya pasaron la **repesca** de selectividad en otras universidades tienen preferencia a la hora de entrar en una facultad (*resit*)

repliegue (*m*): el gobierno valorará el impacto que un **repliegue** de la Legión tendría sobre la población (*withdrawal*)

repoblación (*f*): el impulso de las energías alternativas y la **repoblación forestal** son algunas estrategias propuestas (*reforestation*)

repostar [se]*: no **reposte** con las luces encendidas o el motor en marcha (*fill up*)

repunte (*m*): en este mes se registró un ligero **repunte** de la inflación (*upturn*)

resaca (*f*): Barcelona sufrió durante un período **resaca post-olímpica** (*post-Olympic blues*)

resarcir [se]*: un obrero de la base pide que EE UU le **resarza** por el cáncer que sufre (*pay compensation*)

reseñable (*adj*): la novedad más **reseñable** fue la eliminación de la excepción fijada para formación, lotería y estancos (*noteworthy*)

residuo (*m*): las dictaduras han desaparecido, pero quedan **residuos** en el teatro (*vestige*); (*pl*) sólo seis autonomías tienen instalaciones para tratar los **residuos clínicos** (*clinical waste*); (*pl*) tres cuartas partes de los **residuos industriales** tóxicos y peligrosos no son tratados en España (*industrial waste*); (*pl*) nuevas protestas ante los **residuos radioactivos** arrojados al mar (*radioactive waste*)

respaldar [se]*: el presidente insistió en que votar sí al referendum no significaba **respaldar**le (*support*)

responsabilizar [se]*: los representantes de CC OO de limpieza viaria de Madrid **han responsabilizado** al Ayuntamiento de la huelga que convocarán (*lay blame on*)

resquicio (*m*): un **resquicio** de cinco dedos de la escotilla permitía la tenue entrada de aire (*gap*); el acuerdo abre un **resquicio** a la firma de la paz (*glimmer of hope*); quieren comercializar directamente sus productos en el mercado español, dejando sólo un **resquicio** para el antiguo representante (*slender opportunity*)

retención (*f*): comisiones desde dos millones **sin retención fiscal** (*tax-free*)

retrato (*m*): **retrato robot** del sospechoso de enviar paquetes bomba a científicos (*identikit*)

retroalimentar [se]*: esto aumenta el nivel de la deuda, cuyo servicio, a su vez, **retroalimenta** el del déficit (*fuel*)

retroceso (*m*): si ganaba la derecha se podría iniciar un **retroceso histórico** (*relapse*)

reunir [se]*: el congreso **reúne** a 100 especialistas (*bring together*); los productos no **reúnen** las condiciones necesarias (*meet*)

revalidar [se]*: el actual campeón del mundo perdió las posibilidades de **revalidar** su título al acabar cuarto en el Rally de Nueva Zelanda (*hold on to*)

revancha (*f*): se trata de la **revancha** política de un perdedor (*retaliation*)

reventa (*f*): a los espectadores que llegaban con entradas **compradas en la reventa** no se les permitía el acceso (*bought from a tout*)

reventar [se]*: la policía no ha estrenado aún la ley para **reventar** la casa de ningún traficante (*raid*); acusa a la policía de **reventar** su congreso para fichar a los militantes (*burst in on*)

revés (*m*): el líder no parece dispuesto a arriesgarse a otro **revés**; el gobierno reaccionó con preocupación al fuerte **revés** sufrido por el Tratado (*setback*)

revuelo (*m*): **revuelo** en EE UU por un libro que plantea la inferioridad genética de algunas razas (*commotion*)

riñonera (*f*): un turista con la **riñonera** en el costado llama la atención (*body-belt*)

roce (*m*): los auténticos **roces** lingüísticos se producen en la periferia de Bruselas (*conflict*)

rodeo (*m*): en el mejor de los casos, esto supondría un **rodeo** de muchos kilómetros (*detour*); después de **dar muchos rodeos**, se refirió finalmente a lo que nos interesaba (*beat about the bush*); su juego preferido son los **rodeos movilísticos** en los que entrechocan coches robados (*joyriding*)

rompecabezas (*m*): no es un secreto que es una pieza clave en este **rompecabezas** (*puzzle*)

ronda (*f*): las nuevas **rondas** desplazan los colapsos de tráfico a 50 km de Barcelona (*ring road*); el presidente inició ayer una nueva **ronda de negociaciones** (*round of talks*)

rotativo <-a> (*n/adj*): el magistrado interrogó también a tres periodistas de ese **rotativo** (*newspaper*); los **trabajadores de rotativas** del diario no aceptan la oferta de la empresa editora (*printworkers*); además de arroz, aceite de oliva, camiones y coches, embarcó también la **rotativa** de un periódico (*printing press*)

rotura (*f*): la **rotura** de una presa causa más de 200 víctimas en el oeste de China (*collapse*)

rueda (*f*): la policía practicó una detención y realizaron una **rueda de identificación** con algunas de las agredidas (*identity parade*); en **rueda de prensa** después de celebrada la reunión, se confirmaron los rumores de la dimisión (*press conference*)

S

sabueso (*m*): el periodismo se ha convertido en un campo para **sabuesos** (*sleuth*)

Sala (*f*): el juez pidió al público que saliera de la **Sala** (*Chamber*)

salario (*m*): el sueldo mínimo para una jornada de 40 horas semanales de trabajo efectivo es el **salario mínimo interprofesional** que cada año fija el Gobierno (*statutory minimum wage*)

saldar: el accidente se **saldó** con cuatro muertos (*result in*)

saldo (*m*): el **saldo neto** en los casi dos años transcurridos es de 196.000 puestos de trabajo (*net result*); el peor **saldo** de todas las temporadas: sólo un título para el equipo local (*outcome*); la publicación de los datos económicos arrojan un sabroso **saldo a favor** (*credit balance*)

salida (*f*): él es la **salida** radical encontrada por los trabajadores de este país (*alternative*); necesitan una preparación académica que no olvide las **salidas profesionales** (*career opportunity*)

saltar [se]*: (*fam*) muchos **se saltan a la torera** la prohibición de vender bebidas alcohólicas a los menores de 16 años (*flout*)

salvar [se]*: han propuesto la construcción de 3 viaductos sobre pilares de hormigón para **salvar** 3 desniveles (*bridge*)

sancionar: temor a que la conferencia de Londres **sancione** las fronteras bélicas impuestas por la guerra (*give seal of approval to*)

saneamiento (*m*): lo más urgente es el **saneamiento de la economía** (*revival of the economy*)

sanear: la compañía estima que necesita 300.000 millones para **sanear** el grupo (*put back on its feet*); las reformas son indispensables para **sanear** la economía (*revive*)

secundar: un 58% pide al Ejecutivo que negocie tras una huelga que la mitad de los trabajadores no **secundó** (*join*)

segmento (*m*): el modelo que surja del proyecto será un coche pequeño del **segmento bajo** (*lower end of the market*)

segundo <-a> (*n/adj*): el ministro de Agricultura y su **segundo** estaban paseando por Doñana (*deputy*)

selectividad (*f*): 7.000 alumnos de **selectividad** se quedarán sin plaza en Madrid (*university entrance examination in Spain*)

senderista (*n/adj*): algunos cortijos serán rehabilitados para hospedar desde **senderistas** hasta científicos que centren sus estudios en los ecosistemas (*hiker*); el ejército peruano detuvo a cinco **senderistas** acusados de una matanza de indios (*member of Sendero Luminoso, Peruvian Terrorist Group*)

seno (*m*): se ha puesto fin a un largo período de vacilaciones **en el seno del gobierno** (*within the government*)

sensibilizar [se]*: **me sensibilizo** más cuando hay niños por medio (*be sensitive*)

sentar cabeza: su matrimonio ha hecho creer al electorado que el viejo senador, por fin, **ha sentado cabeza** (*come to one's senses*)

sepultar [se]*: una semana tumultuosa **ha sepultado** la credibilidad del ex abogado izquierdista (*ruin*)

seropositivo <-a> (*n/adj*): medio millar de los 10.000 delegados asistentes a la conferencia eran **seropositivos** (*HIV positive*)

servicio (*m*): amenaza de cárcel para los objetores que rechacen el **servicio civil** (*community service*); el PSOE estudia igualar la duración de la 'mili' y el **servicio sustitutorio** (*alternative community service*)

sicario (*m*): ejército y policía en estado de máxima alerta ante el temor de que los **sicarios** del jefe de narcotráfico actúen contra el Estado (*hitman*)

simultanear: algunos alumnos matriculados **simultanean estudios universitarios** (*study for more than one degree at same time*)

Síndic <-a> **de Greuges** (C): el **Síndic de Greuges** afirma que la aplicación de los juicios rápidos por conducir en estado ebrio se ha realizado con precipitación (*Ombudsman in Catalonia*)

sindicación (*f*): se habla de la imposibilidad de **sindicación** de los trabajadores (*unionization*)

sindical (*adj*): su intención era limitar la extensión del **poder sindical** (*union power*)

síndico <-a>: los **síndicos de quiebra** están investigando la doble contabilidad de la empresa (*receiver*)

síndrome (*m*): cuando le detuvieron estaba bajo los efectos del **síndrome de abstinencia** (*withdrawal symptoms*)

siniestrado <-a> (*n/adj*): la investigación se centra en el conductor del autobús **siniestrado** (*involved in an accident*)

siniestro <-a> (*m/adj*): seis personas fallecieron en un **siniestro** registrado en la provincia de Toledo (*accident*)

sobrecosto (*m*): los distribuidores no aceptan asumir el **sobrecosto** de este proceso (*overspend*)

sobredosis (*f*): la muerte por **sobredosis** es frecuente entre los drogadictos (*overdose*)

sobreoferta (*f*): comienzan a aparecer signos de **sobreoferta** (*oversupply*)

sobreprotección (*f*): en ocasiones, se trata de recorrer el camino para salir de la **sobreprotección** del hogar y para integrarse en la vida laboral (*overprotective environment*)

sobresaturación (*f*): el club de vacaciones que habían contratado **había hecho sobresaturación** (*overbook*)

sobreseimiento (*m*): la Cámara decretó ayer el **sobreseimiento de la causa** (*stay of proceedings*)

sobresueldo (*m*): el PSOE acusa a altos cargos de la Xunta de repartirse **sobresueldos** (*inflated salary*)

social (*adj*): la empresa fue fundada el 9 de octubre con un **capital social** de 100 libras (*joint stock*); estas tres empresas tienen su **domicilio social** en la calle principal (*head office*)

sociedad (*f*): las empresas estatales chinas se preparan para transformarse en **sociedades anónimas** (*limited company*)

socorro (*m*): esperó a que las autoridades británicas facilitaran la información sobre la **operación de socorro** (*relief operation*)

solar (*m/adj*): **solares para construcción** puestos a la venta a precios muy razonables (*building plot*)

solera (*f*): empresas **con solera**, tradición y prestigio (*well established*)

solicitar: **solicitaron el divorcio** conjuntamente (*petition for a divorce*)

solidarizar [se]: los productores europeos de tomates **se solidarizan** con los exportadores canarios (*side with*)

solventar: los sindicatos acusan al Gobierno de ser incapaz de **solventar** la crisis del grupo (*resolve*)

sondeo (*m*): los **sondeos de opinión** muestran que cada vez hay más partidarios de que el Gobierno modere sus posturas (*opinion poll*)

sonoro <-a> (*adj*): debemos añadir los problemas causados por la **contaminación sonora** (*noise pollution*)

soporte (*m*): los dirigentes aseguraron que el partido no **conserva los soportes magnéticos** con todos los datos sobre la contabilidad del partido (*have on disk*); el centro dispone también de un fondo documental en **soporte de papel** (*printout*)

sospechoso <-a> (*n/adj*): se llevó a cabo la detención de dos **sospechosos** (*suspect*)

subsidio (*m*): el primer control sobre el cobro del **subsidio de desempleo** desvela en una oficina un fraude del 25% (*unemployment benefit*)

suburbial (*adj*): esto originó la aparición de una clase **suburbial**, empobrecida y desilusionada (*of socially deprived city outskirts*)

subvención (*f*): la Asociación Víctimas del Terrorismo obtendrá parte de las **subvenciones** solicitadas al Ministerio de Asuntos Sociales (*subsidy*)

subyacente (*adj*): la **inflación subyacente** aumentó también tres décimas en mayo (*underlying inflation*)

sucesión (*f*): habló de una rebaja del **impuesto de sucesión** para las empresas (*inheritance tax*)

sucursal (*f/adj*): el Corte Inglés tiene **sucursales** en muchas capitales de provincia (*branch*)

sufragar: el Gobierno canario **sufraga** los gastos de una mujer para que se opere en Londres (*defray*)

sufragio (*m*): llegó a la presidencia con el 94,5% de los **sufragios** (*vote*); se tramitaron 2.885 **sufragios postales** (*postal vote*)

sumarial (*adj*): el juez pide que se respete el **secreto sumarial** sobre el secuestro de la farmacéutica (*confidentiality of proceedings*)

sumario <-a> (*m/adj*): los dos **sumarios** abiertos contra el delincuente ocupan un total de 118 páginas (*proceedings*)

sumergir [se]*: los sindicatos critican el crecimiento de la **economía sumergida** (*black economy*)

superávit (*m*): el déficit comercial estadounidense contrasta con el **superávit** japonés (*surplus*)

superpoblación (*f*): en la cumbre se planteó el problema de la **super-población** (*overpopulation*)

supuesto <-a> (*m/adj*): el proyecto del nuevo Código Penal incluye el **supuesto** de aborto legal por angustia de la madre (*legal grounds*); la **supuesta** transición tiene como siguiente paso la votación de un referéndum (*so-called*); la segunda orden de detención, que corresponde a un **supuesto** delito de tráfico de influencias, es competencia de otro tribunal (*alleged*)

suscitar: **suscitó las expectativas** de todos los demócratas (*raise expectations*)

suspender [se]*: el fiscal pide que se **suspenda** la convocatoria de los peritos del caso (*cancel*)

sustancial (*adj*): pero eso no es **lo sustancial**, para la patronal siderúrgica lo importante es que se recuperen los precios (*main issue*)

T

tabarra (*f*): (*fam*) siempre se aburre con él y le acaba rogando que no le **dé** más **la tabarra** (*get on someone's nerves*)

talante (*m*): 'para España, la pertenencia al SME confirma nuestro **talante** europeo' (*disposition*)

talego (*m*) (*sl*): no puede permitirse ningún signo de debilidad ante sus compañeros de **talego** (*clink*); el delincuente tiene más de 100 años de condena: es **carne de talego** (*natural born criminal*)

talón (*m*): adjunto **talón nominativo** a nombre del tesorero de la asociación (*cheque made payable to*)

tanteo (*m*): el Ministerio del Interior ha realizado **movimientos de tanteo** en el entorno del dirigente (*exploratory investigations*)

tapadillo, de (*adv*) (*fam*): el Gobierno pone en marcha, casi **de tapadillo**, una nueva reconversión en tres sectores industriales (*by the back door*)

tapete (*m*): **puso sobre el tapete** la necesidad de abordar otro mandato de la ley (*put on the agenda*)

taquillaje (*m*): aseguró que el 100% del **taquillaje** de los actos programados iría a proyectos prioritarios del Plan Nacional del Sida (*box-office receipts*)

taquillero <-a> (*n*/*adj*): se convirtió en la **artista más taquillera** de los años cuarenta (*biggest box-office success*)

tara (*f*): se empezó a vivir en democracia sin la **tara histórica** del autoritarismo anterior (*historical baggage*)

tasa (*f*): se alcanzó la mayor **tasa de desempleo** de la reciente historia económica española (*unemployment rate*); la **tasa de inflación** más alta de Europa en el primer semestre del año (*inflation rate*)

técnico <-a> (*n*/*adj*): el **técnico** del Manchester no tuvo reparos en reconocer la derrota aplastante de su equipo (*manager*)

tela (*f*): **puso en tela de juicio** la responsabilidad de los órganos dirigentes en el escándalo (*call into question*); el mal uso o abuso por parte de los desaprensivos puede **poner en tela de juicio** un sistema que está bien diseñado (*jeopardize*)

telebasura (*f*): la fiscalía quiere evitar que un juicio por violación sea carne de **telebasura** (*junk television*)

telecomedia (*f*): la **telecomedia** fue una vez más el mejor programa de Antena 3 en términos de audiencia (*sitcom*)

telefonía (*f*): los sistemas internacionales de **telefonía móvil** registran un crecimiento anual del 40% (*mobile-telephone system*)

teleserie (*f*): su mayor logro ha sido satisfacer el gusto de un público habituado al humor de las **teleseries** y del cine comercial (*television serial*)

telespectador <-a>: la primera cadena de Televisión Española ha perdido en apenas un mes seis millones de **telespectadores** (*viewer*)

teletienda (*f*): ofreceremos a los consumidores la próxima generación de programas de elección personal y de servicios interactivos, incluyendo **teletienda** (*home shopping via television*)

teletipo (*m*): nada más llegar por los **teletipos** la noticia, fueron retirados de las librerías los libros (*teleprinter*)

televendedor <-a>: la compañía multinacional selecciona **televendedores** para sus departamentos comerciales (*telephone salesperson*)

televidente (*m/f*): hemos logrado una audiencia de 1,3 millones de **televidentes** (*television viewer*)

telonero <-a> (*n/adj*): eran **teloneros** de grupos ya consagrados y así se hicieron un nombre poco a poco (*support band/artist*)

temario (*m*): con el objeto de acordar el **temario** de negociación del pacto social (*agenda*); el BOE ha publicado el **temario de oposiciones** (*list of topics for public competitive examinations in Spain*)

temporero <-a> (*n/adj*): detenidos en Zaragoza 30 inmigrantes que intentaban trabajar como **temporeros** (*seasonal worker*)

tenencia (*f*): han ingresado en la prisión por un delito relacionado con la **tenencia ilícita de armas** (*illegal possession of arms*)

tertulia (*f*): las **tertulias** en las que la amistad se convierte en un valor en sí mismo empiezan a surgir de nuevo (*regular gathering of friends*); 'lo he escuchado', subrayó, 'en alguna **tertulia radiofónica**' (*radio chat-show*)

tesitura (*f*): más de 11 años después, el juicio está en una difícil **tesitura** (*situation*)

tesorería (*f*): se realizará con el fin de mejorar la **tesorería** de las empresas (*finances*)

testaferro (*m*): Banesto concedió créditos a J.H., uno de los **testaferros** del presidente del banco (*front man*)

testimonio (*m*): fue acusado de un delito de inducción al **falso testimonio** (*perjury*)

tildar: la banca **tilda** de peligrosa la ley que abarata cambiar de hipoteca (*call*)

timbre (*m*): la diversidad de sistemas políticos en Sudamérica resta **timbre** a la voz común (*resonance*)

tinglado (*m*): ideólogos y periodistas forman parte del **tinglado** y del debate sobre el fenómeno de las modas (*razzle-dazzle world*)

tinta (*f*): (*pl*) hoy las posiciones están muy claras y no hay **medias tintas** (*half measures*); (*pl*) esta política **de medias tintas** ha colocado a los distribuidores en una difícil postura (*half-hearted*)

tipo (*m*): habrá que controlar la fluctuación de los **tipos de interés**; las rebajas de **tipos** que se efectuaron en Francia y Portugal han abierto expectativas de que España siga a sus socios europeos (*interest rate*)

tirada (*f*): la versión española se presenta en el mercado con **tirada** bimensual (*appearance*)

tirar [se]*: el resultado final tampoco es para que el Gobierno **tire las campanas al vuelo** (*rejoice*); (*fam*) la joven se inventó un novio que **le tiraba los tejos** donde quiera que se lo encontrara (*give someone the come-on*)

tirón (*m*): el **tirón** del nacionalismo provoca la creación de nuevos partidos regionales (*surge*); aprovechando el **tirón**, acaba de grabar su primer disco (*wave of popularity*); (*sl*) el joven murió en la madrugada de ayer de un tiro en la cabeza tras intentar robar el bolso por el procedimiento del **tirón** a la esposa del cónsul honorario (*handbag snatch from car/motorbike*)

tironero (*m*): (*sl*) adoptaron la forma de actuar de los pandilleros del cine: dejaron de ser ladrones para ser **tironeros** (*handbag snatcher*)

titulación (*f*): programas educativos dirigidos a las mujeres que cuenten con una **titulación** oficial (*accreditation*)

titular (*n/adj*): el hijo, inicialmente **titular** del 30% de las acciones, heredó el 70% restante de su padre (*holder*); el **titular del juzgado** decretó ayer su libertad bajo fianza de 300.000 pesetas; la **titular del juzgado** nº 24 ordenó desalojar la sala para evitar incidentes (*judge*); pocos altos cargos se acercaron a él; entre las excepciones, el **titular de Defensa** (*Minister of Defence*); ex clientes aparecen como **titulares de fondos**, pese a haber cancelado su inversión (*holder of bonds*)

titularidad (*f*): el Centro Astrofísico de Sierra Nevada se convierte en el primer observatorio **de titularidad española** (*entirely owned by Spain*)

todoterreno (*m/adj*): la práctica del **todoterreno** está destruyendo las zonas rurales (*four-wheel drive*)

tomate (*m*): (*sl*) se han enterado de que hay **tomate** en la Castellana y han tirado por la M-40 (*trouble*)

tónica (*f*): el dólar ha mostrado una **tónica** generalmente bajista frente al marco (*tendency*)

tono (*m*): las conversaciones grabadas – siempre en un cierto **tono de clave**, según fuentes próximas a la investigación – hicieron sospechar que se trataba de una trama (*code*)

tontear (*fam*): la pareja ya lleva cuatro meses **tonteando** (*flirt*)

tope, a (*fam*): la agenda **a tope** de la actriz (*chock-a-block*)

tópico (*m*): la palabra 'democracia' se ha convertido en el **tópico** de la reunión (*catchphrase*)

topmodelino <-a> (*adj*) (*fam*): la candidata posa para los fotógrafos en bañador a la orilla del mar **con aires topmodelinos** (*trying to look like a top model*)

toque de queda (*m*): el general impuso el **toque de queda** a partir de las seis de la tarde (*curfew*)

torear: la realidad empiezan a jugársela dentro de unos días, cuando tengan que echarse a la calle a **torear** la crisis (*confront*)

toxicomanía (*f*): hoy se celebrará un debate sobre las **toxicomanías** (*drug addiction*)

toxicómano <-a> (*n/adj*): entre las medidas está el fomento de la reinserción de los **toxicómanos** (*drug addict*)

tráfico (*m*): el director general de Carreteras ha sido inculpado del supuesto cobro ilegal de comisiones en la adjudicación de obras públicas, lo que podría ser tipificado como delito de **tráfico de influencias** (*illegal use of contacts*)

trama (*f*): ha desvelado la existencia de una supuesta **trama** de corrupción judicial (*network*)

tramitar: ponemos a su servicio 3.000 sucursales para que usted **tramite** su declaración sin esperar (*process*)

trámite (*m*): la ratificación parlamentaria es un **puro trámite** (*mere formality*); el Juzgado de Instrucción número 28 de Madrid **ha admitido a trámite** la querella presentada contra la junta directiva (*move from settling the pleadings to the evidentiary phase*)

transferencia (*f*): se impulsa el proceso de **transferencia de competencias** a las autonomías (*transfer of responsibilities*)

tránsfuga (*m/f*): la abstención de cuatro **tránsfugas** procedentes del PP fue la clave para que el presidente no tuviera que dimitir (*turncoat*)

transfuguismo (*m*): el **transfuguismo** ha sido un mal endémico en la provincia (*deserting one political party for another*)

transigir: la familia no está dispuesta a **transigir** con las condiciones que le imponga ETA (*give in to*)

trapo (*m*): (*fam*) se oían radios y televisores **a todo trapo** (*blaring out*)

trascender: la carta está en manos del juzgado y su contenido aún no **ha trascendido** (*leak out*)

trasfondo (*m*): se considera que la 'marcha verde' tiene un **trasfondo** político (*undertone*)

trasiego (*m*): aparece como responsable de su ruina, en un oscuro **trasiego** de dinero negro (*change of hands*)

traspasar [se]*: se **traspasa** pub en Conde Altea, 53 (*transfer a lease*)

trasvase (*m*): el ministro de Agricultura declaró ayer a Radio Nacional que los **trasvases**, el ahorro y la depuración de aguas residuales son las soluciones para la carestía (*diversion of water supply*)

trayectoria (*f*): esas instalaciones podrían ser modificadas para fabricar cohetes de mayor potencia y **trayectoria** (*range*); la credibilidad política depende de una **trayectoria** que refleje unas convicciones (*performance*)

tren (*m*): a pesar de su historial **se subió al tren** de la democracia (*jump on bandwagon*); para dar una idea de su **tren de vida** sólo hace falta recordar que en una ocasión dio una propina de 5.000 pesetas (*lifestyle*)

treta (*m*): el ofrecimiento era sólo un **treta** para ganar tiempo (*ruse*)

tribalizar [se]* (*fam*): el líder socialista pide que el partido no **se tribalice** (*divide into warring factions*)

tribu (*f*): (*fam*) las **tribus urbanas** toman las calles con sus señas de identidad (*city gang*)

tribunal (*m*): el **Tribunal de Apelación** de París pronunciará su veredicto sobre la demanda de extradición formulada por la Justicia española (*Court of Appeal*); el **Tribunal de Casación** está revisando su caso (*Court of Cassation/Appeal*); el **Tribunal de Cuentas** ha enviado cien mil folios al juez con toda la documentación disponible sobre las cuentas electorales del partido (*Court of Accounts/≈ National Audit Office*); el fiscal jefe del **Tribunal Superior** del País Vasco ha apreciado indicios de un delito de apología del terrorismo (*High Court of Autonomous Community*); algunas de las penas de muerte han sido confirmadas por el **Tribunal Supremo** (*Court of Last Appeal*)

tributario <-a> (*n/adj*): año tras año, la **recaudación tributaria** supera con creces a las previsiones (*tax revenue*); también reclamó iniciar de inmediato una reforma del **sistema tributario** (*tax system*)

trienio (*m*): el trabajador del hogar tiene derecho a un aumento del salario metálico por cada **trienio** trabajado (*three-year period with same employer*)

trimestre (*m*): el grado de utilización de la capacidad productiva se ha recuperado notablemente a partir del último **trimestre** del año pasado (*quarter*)

trinar: (*fam*) los telespectadores **están que trinan** (*be furious*)

triquiñuela (*f*) (*fam*): somos pensionistas, pero no jubilados, y a los que se nos ha dado, sin pedirla y sin utilizar ninguna **triquiñuela**, la cartilla de pensionista (*dodge*)

tronco (*m*): (*sl*) él y sus **troncos** fueron un día a ver la película (*mate*)

turismo (*m*): en España hay 16 millones de vehículos, de los cuales 12 millones son **turismos** (*private car*)

tutela (*f*): una juez **concede la tutela** del hijo a un padre que realiza las tareas domésticas (*give custody*)

U

ubicar [se]*: el telescopio se **ubicará** en el área que el centro dedica al universo (*situate*)

ugetista (*n/adj*): los deseos **ugetistas** de emular a los sindicatos alemanes (*pertaining to UGT trade union*)

ultimar: España **ultima la venta** de material militar a Marruecos (*clinch sale*)

ultraderechista (*n/adj*): ataques **ultraderechistas** contra el nuevo Gobierno (*extreme right-wing*)

umbral (*m*): el **umbral de la pobreza** es de 600.000 pesetas al año (*poverty threshold*); la gasolina se halla **en el umbral de** marcar un hito histórico llegando a las 100 pesetas (*on the verge of*)

urbanístico <-a> (*adj*): las **autoridades urbanísticas** no quieren desvelar los terrenos concretos para no propiciar operaciones especulativas (*planning authority*); la **disciplina urbanística** ha empeorado en España (*respect for planning regulations*); polémica sobre la **política urbanística** (*planning policy*)

urbanización (*f*): **urbanización** privada, con jardines, piscina, parcela individual (*residential development*)

urbano <-a> (*n/adj*): la progresiva reducción de las diferencias entre jóvenes rurales y **urbanos** es uno de los rasgos de la España de hoy (*town/city dweller*); tras convertirse en **suelo urbano** la finca puede valer 27 millones de pesetas (*building land*)

urna (*f*): (*pl*) los habitantes **acudieron** ayer **a las urnas** (*go to the polls*); (*pl*) reconoció por primera vez una posible derrota **en las urnas** (*in the election*); los primeros resultados de una **encuesta a pie de urna** entre 2.400 habitantes reflejaban un claro respaldo al jefe (*exit poll*)

usuario <-a> (*n/adj*): los **usuarios** deberían leerse el manual de instrucciones antes de ponerlo en funcionamiento (*user*); es una ordenación necesaria que debería haberse hecho hace unos 50 años en beneficio del propio **usuario** (*member of the public*)

utilitario <-a> (*m/adj*): son la nueva clase media del chalet adosado y los dos **utilitarios** (*small basic car*)

V

vaca (*f*): finalizan siete años de **vacas flacas** (*austerity*)

vago <-a> (*n/adj*): hay trabajadores **vagos**, también llamados 'tímidos laborales' (*lazy*)

vale (*m*): si los comedores están exentos del IRP, también lo están los **vales de comida** (*luncheon voucher*)

valedor <-a>: España se presenta ante Marruecos como su gran **valedor** en Europa (*guarantor*)

valorar [se]*: el fuego, cuyos daños aún no han sido **valorados**, se inició sobre las nueve horas de ayer (*assess*)

vapuleo (*m*): el gobierno quiere abaratar el dinero para compensar los **vapuleos** del ajuste económico (*buffeting*)

variante (*n/adj*): el itinerario Madrid–Alicante se puede efectuar ya sin interrupciones, gracias a la entrada en servicio de la **variante** de Perales de Tajuña (*bypass*)

vaticinar: **vaticinó** un caos total (*forecast*)

vecino <-a> (*n/adj*): el edificio tiene nueve plantas, y en él habitan 80 **vecinos** (*occupant*)

vena (*f*): el conjunto recuperó su **vena** rockera (*style*); (*fam*) **cuando le da la vena**, lo rompe todo (*when the mood takes him/her*)

venta (*f*): nuevos controles en las **ventas al por menor** (*retail sale*); prohibidas las **ventas al por mayor** de determinados productos (*wholesale*); prohibida la **venta ambulante** de aceite (*street sale*); se aprovecharon de los **precios de venta al contado** (*cash price*)

ventolera (*f*) (*fam*): supongamos que a usted le **da la ventolera** de ofrecer una fiesta en su casa (*get sudden whim*)

verja (*f*): si en algo hay unanimidad a uno y otro lado de la **Verja** es en la conveniencia de dar un mayor uso al aeropuerto del peñón de Gibraltar (*frontier barrier between Spain and Gibraltar*)

vertedero (*m*): viven de lo que consiguen encontrar en los **vertederos de basura** (*rubbish tip*)

verter [se]*: ¿cómo evitar que se **viertan al mar** los residuos industriales? (*dump into the sea*); pidieron al fiscal que expresara su opinión sobre las **acusaciones vertidas** en la querella (*accusations made*)

vertido (*m*): un **vertido**, causa de la muerte de miles de peces en el río (*dumping*); el río recibe diariamente 20 millones de litros de **vertidos sin depurar** (*untreated waste*)

vía (*f*): el buque **sufrió una vía de agua** alrededor de las doce del mediodía (*spring a leak*); al concepto individual de derechos humanos, los países **en vías de desarrollo** oponen una versión colectiva (*developing*); tiene previsto reclamar **por vía judicial** el dinero que el país se gasta en salud para los inmigrantes (*by recourse to law*)

vial (*m/adj*): publicado un nuevo informe sobre **seguridad vial** (*road safety*)

vida (*f*): la **vida** se encarece a un ritmo imparable (*cost of living*)

videojuego (*m*): un estudio psiquiátrico afirma que los **videojuegos** son intelectualmente estimulantes (*computer game*)

videorrevista (*f*): la **videorrevista** dedicada a los Pirineos sale cada dos meses (*video review*)

videovigilancia (*f*): la idea de la **videovigilancia** en las calles de Madrid fue proyectada por el Ministerio del Interior hace unos meses (*surveillance cameras*)

vigencia (*f*): la **vigencia** del acuerdo deberá ser de dos o tres años (*lifespan*)

vigente (*adj*): se ha elaborado una base de datos con todas las ayudas **vigentes en la actualidad** (*currently available*); es una ley todavía **vigente** (*in force*)

vigor (*m*): nuevas tarifas postales **entran en vigor** (*come into operation*)

vilipendiar: unos estudiantes **vilipendiaron** al presidente en la Universidad (*hurl abuse at*)

vilo, en (*adv*): tras 11 días de proceso que **han mantenido en vilo** a la prensa, el juicio fue perdido ayer por la actriz (*keep in suspense*)

vinculación (*f*): se pide una auditoría para ver la **vinculación** del alcalde con una empresa (*dealings*)

vinculante (*adj*): se acordó que la decisión tomada en asamblea sería **vinculante** (*binding*)

viraje (*m*): el gobierno está atrapado sin tiempo ni voluntad para **dar un viraje** (*change course*)

virguería (*f*): 'he cumplido 62 años y no voy a empezar ahora con esas **virguerías**' (*stuff and nonsense*)

viso (*m*): (*pl*) el conflicto **no tiene visos** de mejorar (*have no prospect of*)

vista (*f*): la legislación actual establece el secreto del sumario hasta la **vista oral** (*hearing*)

visto bueno (*m*): entonces, los países miembros dieron el **visto bueno** a los dos programas (*approval*)

vitalicio <-a> (*m/adj*): Ud. recibirá a su jubilación una importante ayuda en forma de **pensión vitalicia** (*pension for life*)

vivienda (*f*): una familia gitana ocupa una **vivienda** bajo protección oficial (*house*)

vocal (*n/adj*): algunos **vocales** consideran que el ministro no puede dirigirse al consejo (*member of committee*)

volante (*m*): fue dada de alta con un **volante** para el psiquiatra (*referral note*)

volcar [se]*: es algo que ha preocupado poco a la medicina occidental **volcada** en curar y prevenir (*dedicated to*)

voluntariado (*m*): el programa está dedicado hoy al **voluntariado** (*voluntary workers*)

vuelo (*m*): se trata de un proyecto **de altos vuelos** (*ambitious*)

vuelta (*f*): anunció que la primera **vuelta** de esos comicios se celebrará en marzo (*round*); los británicos se expresarán por el **sistema mayoritario a una vuelta** (*first-past-the-post electoral system*)

X

Xunta (*f*) (G): los sindicatos acusan a la **Xunta** de nombrar a dedo a dos cargos administrativos (*Galician Autonomous Government*)

Y

yogurín <-a> (*fam*): los **yogurines** de hoy en día miden con facilidad un metro ochenta y pesan bastante más que sus padres (*teenager*)

Z

zafar [se]*: siempre se las arreglaba para **zafarse** de los agresores (*dodge*)

zancadilla (*f*): se rezumaban malas relaciones entre el Gobierno y el sindicato, y se notaban las **zancadillas** (*snare*)

zancadillear (*fam*): vamos a ver por dónde se puede **zancadillear** el proceso (*scupper*)

zanjar: la cuestión se **zanjó** con el referéndum (*resolve*)

zarpazo (*m*): Francia tiene su agricultura más protegida contra los **zarpazos** de Bruselas (*sudden lashing-out*)

zona (*f*): se busca a dos jóvenes de los miles que abundan un sábado por la noche por las **zonas de copas** (*club-land*)

zulo (*m*): descubierto un **zulo** con más de cien quilos de explosivos (*arms cache*)

zurdo <-a> (*n/adj*): el vídeo muestra claramente un atracador **zurdo** (*left-handed*)

ACRONYMS AND ABBREVIATIONS

AA EE	Ministerio de Asuntos Exteriores
ABC	Agrupament de Botiguers i Comerciants de Catalunya (C)
AC	Acción Comunista
AC	Acción Católica
ACAN	Agencia Centroamericana de Noticias
ACNUR	Alta Comisaría de la ONU para los Refugiados
ACP	Asociación Católica de Propagandistas
ACUDE	Asociación de Consumidores y Usuarios de España
ADA	Asociación de Ayuda al Automovilista
ADADA	Asociación de Amigos del Alcohol
ADECU	Asociación para la Defensa de los Consumidores y Usuarios
ADELPHA	Asociación para la Defensa Ecológica y del Patrimonio Histórico-Artístico
ADENA	Asociación para la Defensa de la Naturaleza
admón.	administración
ADN	Ácido desoxirribonucléico
ADO	Ayuda al Deporte Olímpico
AEB	Asociación Española de Banca Privada
AECI	Agencia Española de Cooperación Internacional
AEDE	Asociación de Editores de Diarios Españoles
AEDENAT	Asociación Ecologista de Defensa de la Naturaleza
AELC	Asociación Europea de Libre Comercio
AEMA	Asociación Española de Medios Audiovisuales
AENA	Aeropuertos Españoles y Navegación Aérea
AENOR	Asociación Española de Normalización y Certificación
AEORMA	Asociación Española para la Ordenación del Medio Ambiente
AEP	Asociación Española de Parafarmacia
AES	Acuerdo Económico y Social
AESA	Astilleros Españoles, Sociedad Anónima
AFANÍAS	Asociación de Familias con Niños y Adultos Subnormales
AFE	Asociación de Futbolistas Españoles
AFRO	Activos Financieros con Retención de Origen
AHM	Altos Hornos del Mediterráneo
AHV	Altos Hornos de Vizcaya
AI	Amnistía Internacional
AICE	Asociación de Investigación de Industrias Cerámicas
AIDIMA	Asociación de Investigación de la Industria del Mueble y Afines
AIEA	Agencia Internacional de la Energía Atómica
AIJU	Asociación de Investigación de la Industria del Juguete

Acronyms and abbreviations

AILAC	Asociación de Investigación de Laboratorios de Construcción
AILLC	Associació Internacional de Llengua i Literatura Catalanes (C)
AIMC	Asociación para la Investigación de Medios de Comunicación
AIMME	Asociación de Investigación de la Industria Metal-Mecánica, Afines y Conexos
AINIA	Asociación de Investigación de la Industria Agroalimentaria
AISN	Administración Institucional de Sanidad Nacional
AISS	Administración Institucional de Servicios Socioprofesionales
AISS	Asociación Internacional de Seguridad Social
AITEMIN	Asociación de Investigación Técnica de Equipos Mineros
ALADI	Asociación Latinoamericana de Integración
ALALC	Asociación Latinoamericana de Libre Comercio
ALAMED	Asia, América Latina, Mediterráneo
ALDEASA	Almacenes, Depósitos y Estaciones Aduaneras, Sociedad Anónima
ALP's	Activos Líquidos en Manos del Público
AMA	Agencia del Medio Ambiente
AMPU	Asociación de Mandos de Policía Uniformada
ANAFE	Asociación Nacional de Árbitros de Fútbol Españoles
ANAGRUAL	Asociación Nacional de Alquiladores de Grúas de Servicio Público
ANAVE	Asociación de Navieros Españoles
AND	Agrupament Nacional Democràtic (Andorra) (C)
ANELE	Asociación Nacional de Editores de Libros y Material Escolar
ANEP	Agencia Nacional de Evaluación y Prospectiva
ANFAC	Asociación Española de Fabricantes de Automóviles y Camiones
ANGED	Asociación de Grandes Comercios
ANPE	Asociación Nacional de Profesorado Estatal de EGB
APA	Asociación de Padres de Alumnos
APD	Asociación para el Progreso de la Dirección
APDH	Asamblea Permanente por los Derechos Humanos
APDHE	Asociación Pro-Derechos Humanos de España
APE	Asamblea Parlamentaria Europea
APETI	Asociación Profesional Española de Traductores e Intérpretes
APG	Asamblea Popular Gallega
API	Agente de la Propiedad Inmobiliaria
APIE	Agrupación de Periodistas de Información Económica
APIL	Agrupación de Periodistas de Información Laboral
APLESA	Aplicaciones de Energía, Sociedad Anónima
APM	Asociación Profesional de la Magistratura

APRA	Alianza Popular Revolucionaria Americana (Perú)
ARCO	Feria Internacional de Arte Contemporáneo
ARDE	Alianza Revolucionaria Democrática (Nicaragua)
ARDE	Acción Republicana Democrática Española
ARENA	Alianza Republicana Nacionalista (El Salvador)
ASAJA	Asociación Agraria de Jóvenes Agricultores
ASEPEYO	Asistencia Sanitaria Económica para Empleados y Obreros
ASEPRI	Asociación Española de Fabricantes de Productos para la Infancia
ASESA	Asfaltos Españoles, Sociedad Anónima
ASINEL	Asociación de Investigación Eléctrica
ASPLA	Asociación Sindical de Pilotos de Líneas Aéreas
ASTANO	Astilleros y Talleres del Noroeste, Sociedad Anónima
ATEF	Asociación Técnica Española de Fundición
ATEINSA	Aplicaciones Técnicas Industriales, Sociedad Anónima
ATESA	Autotransporte Turístico Español, Sociedad Anónima
ATP	Asociación de Tenistas Profesionales
ATS	Ayudante Técnico Sanitario
AUP	Assemblea d'Unitat Popular (C)
AVE	Alta Velocidad Española
AVIACO	Aviación y Comercio, Sociedad Anónima
AVIANCA	Aerovías Nacionales de Colombia, Sociedad Anónima
AVIATECA	Aviación Guatemalteca (Guatemala)
AVT	Asociación de Víctimas del Terrorismo
AZT	Zidovudina
BANCRECO	Banco de Crédito a la Construcción
BANDESCO	Banco de Desarrollo Económico Español
BANESTO	Banco Español de Crédito
BANIBAO	Banco Industrial de Bilbao
BANKIBER	Banco Ibérico
BANKPYME	Banco de la Pequeña y Mediana Empresa
BANKUNIÓN	Unión Industrial Bancaria
BBV	Banco Bilbao-Vizcaya
BC	Banco Central
BCA	Banco de Crédito Agrícola
BCH	Banco Central Hispano
BCI	Banco de Crédito Industrial
BDI	Bases de datos internacionales
BEI	Banco Europeo de Inversiones
BEI	Bloc d'Estudiants Independentistes (C)
BID	Banco Interamericano de Desarrollo
BID	Banco Internacional de Desarrollo
BIRD	Banco Internacional para la Reconstrucción y el Desarrollo
BNG	Bloque Nacionalista Galego (G)
BOCG	Boletín Oficial de las Cortes Generales
BOE	Boletín Oficial del Estado
BOEL	Bandera de Operaciones Especiales de la Legión

Acronyms and abbreviations

BRIPAC	Brigada Paracaidista
BUP	Bachillerato Unificado Polivalente
CAB	Corporación de Agentes de Bolsa
CADE	Centro de Ahorro y Diversificación Energética
CADESBANK	Banco Catalán de Desarrollo
CAF	Construcciones y Auxiliar de Ferrocarriles
CAMPSA	Compañía Arrendataria del Monopolio de Petróleos, Sociedad Anónima
CANAE	Confederación Autónoma Nacional de Asociaciones de Estudiantes
CAP	Curso de Adaptación Pedagógica
CARIC	Comisión de Ayuda para la Reconversión Industrial de Cataluña
CASA	Construcciones Aeronáuticas, Sociedad Anónima
CAT	Comisaría de Abastecimientos y Transportes
CAT	Compañía Arrendataria de Tabacos
CATCOM	Grup de Cultures Informàtiques de l'Institut d'Estudis Catalans (C)
CAVE	Confederación de Asociaciones de Vecinos del Estado Español
CBE	Corporación Bancaria de España
CBM	Centro de Biología Molecular
CC	Comité Central
CC	Cuerpo Consular
CC	Coalición Canaria
CCA	Consejo de Cooperación Aduanera
CCA	Compañía Cubana de Aviación
CC AA	Comunidades Autónomas
CCC	Consejo de Cooperación Cultural del Consejo de Europa
CC OO	Comisiones Obreras
CC-RTV	Corporació Catalana de Radiotelevisió (C)
CDC	Convergència Democràtica de Catalunya (C)
CDS	Centro Democrático y Social
CDTI	Centro para el Desarrollo Tecnológico Industrial
CE	Comunidad Europea
CE	Comisión Europea
CEA	Confederación Europea de Agricultura
CEA	Compañía Ecuatoriana de Aviación (Ecuador)
CEAPA	Confederación Española de Asociaciones de Padres de Alumnos
CEAR	Comisión Española de Ayuda al Refugiado
CEC	Círculo de Escritores Cinematográficos
CECA	Confederación Española de Cajas de Ahorros
CECA	Comunidad Europea del Carbón y del Acero
CECE	Confederación Española de Centros de Enseñanza
CECOPI	Centro de Coordinación para la Prevención del Incendio
CECSA	Compañía de Electrónica y Comunicaciones, Sociedad Anónima
CECU	Confederación Estatal de Consumidores y Usuarios

CEDEX	Centros de Estudios y Experimentación
CEE	Comunidad Económica Europea
CEE	Centro de Estudios de la Energía
CEE	Confederación Empresarial Española
CEEA	Comunidad Europea de la Energía Atómica
CEEI	Centres Europeus d'Empreses Innovadores (C)
CEGAL	Confederación Española de Gremios y Asociaciones de Libreros
CEI	Comunidad de Estados Independientes (ex URSS)
CEIM	Confederación Empresarial Independiente de Madrid
CELAM	Conferencia Episcopal Latinoamericana
CEMT	Conferencia Europea de Ministros de Transportes
CEN	Ciencias Exactas y Naturales
CENERP	Centro Español de Relaciones Públicas
CENIDE	Centro Nacional de Investigaciones para el Desarrollo de la Educación
CENIM	Centro Nacional de Investigaciones Metalúrgicas
CEOE	Confederación Española de Organizaciones Empresariales
CEOTMA	Centro de Estudios de Ordenación del Territorio y Medio Ambiente
CEPAL	Comisión Económica para América Latina y el Caribe
CEPES	Centro de Estudios Políticos, Económicos y Sociales
CEPSA	Compañía Española de Petróleos, Sociedad Anónima
CEPYME	Compañía Española de la Pequeña y Mediana Empresa
CERA	Censo Especial de Residentes Ausentes
CERBVO	Centro de Rehabilitación Básica y Visual de la ONCE
CERMI	Consejo Español de Representantes de Minusválidos
CES	Consejo Económico y Social
CES	Confederación Europea de Sindicatos
CESC	Conferencia Europea de Seguridad y Corporación
CESCE	Compañía Española de Seguros a la Exportación
CESEDÉN	Centro Superior de Estudios de la Defensa Nacional
CESI	Consejo Económico Sindical Interprovincial
CESID	Centro Superior de la Información de la Defensa
CESL	Confederación Europea de Sindicatos Libres
CETME	Centro de Estudios Técnicos de Materiales Especiales, Sociedad Anónima
CEU	Centro de Estudios Universitarios
CGC	Consejo General de los Colegios de Corredores de Comercio
CGPJ	Consejo General del Poder Judicial
CGT	Confederación General de Trabajadores
CH	Ciencias del Hombre
CHE	Confederación Hidrográfica del Ebro
CHG	Confederación Hidrográfica del Guadalquivir
CHS	Confederación Hidrográfica del Sur
Cía.	Compañía
CIC	Código de Derecho Canónigo
CICR	Comité Internacional de la Cruz Roja

119

Acronyms and abbreviations

CICYT	Comisión Interministerial de Ciencia y Tecnología
CIDAUT	Centro de Investigación y Desarrollo en Automoción
CIDEM	Centre d'Informació i Desenvolupament Empresarial (C)
CIE	Centro Internacional de la Infancia
CIEMAT	Centro de Investigaciones Energéticas, Medioambientales y Tecnológicas
CIES	Consejo Interamericano Económico y Social
CIF	Código de Identificación Fiscal
CIM	Centro de Instrucción de Marinería
CIMA	Comisión Interministerial de Medio Ambiente
CIME	Comité Intergubernamental para las Migraciones Europeas
CINA	Comisión Internacional de la Navegación Aérea
CINDOC	Centro de Información y Documentación Científica del Centro Superior de Investigaciones Científicas
CIOA	Comisión Internacional para la Organización Alimentaria
CIOSL	Confederación Internacional de Organizaciones Sindicales Libres
CIR	Centro de Instrucción de Reclutas
CIRIT	Centre Interdepartamental per la Investigació i la Innovació Tecnològica (C)
CIS	Centro de Investigaciones Sociológicas
CiU	Convergència (Democràtica de Catalunya) i Unió (Democràtica de Catalunya) (C)
CLP	Caballero Legionario Paracaidista
CMT	Confederación Mundial del Trabajo
CNA	Coalició Nacional Andorrana (C)
CNAG	Confederación Nacional de Agricultores y Ganaderos
CNES	Centro Nacional de Estudios Espaciales
CNINAT	Centro Nacional de Iniciación del Niño y del Adolescente al Teatro
CNM	Centro Nacional de Microelectrónica
CNMV	Comisión Nacional del Mercado de Valores
CNOC	Consejo Nacional de Objeción de Conciencia
CNT	Confederación Nacional del Trabajo
COAG	Coordinadora de Organizaciones Agrarias
COCEMFE	Confederación Coordinadora Estatal de Minusválidos Físicos de España
CODA	Coordinadora de Organizaciones de Defensa Ambiental
CODECA	Corporación de Desarrollo Económico del Caribe
CODECA	Confederación de Estados Centroamericanos
CODI	Colateral de divisas al alcance del pequeño inversor
COE	Consejo Ecuménico de las Iglesias
COE	Cuerpo de Operaciones Especiales / Compañía de Operaciones Especiales
COE	Comité Olímpico Español
COI	Comité Olímpico Internacional
COIE	Centros de Orientación e Información de Empleo
CONC	Comissió Obrera Nacional de Catalunya (C)

CONCA	Confederación Nacional de Cámaras Agrarias
CONCAPA	Confederación de Asociaciones de Padres de Alumnos
CONFEDEN	Confederación de Federaciones Deportivas Nacionales
CONFER	Confederación Española de Religiosos
COOSUR	Corporación Olivarera del Sur
COPCA	Consorci de Promoció Comercial de Catalunya (C)
COPE	Cadena de Ondas Populares Españolas
COPEC	Consorci Català de Promoció Exterior de la Cultura (C)
COPEI	Comité de Organización Política Electoral Independiente (Venezuela)
COPLACO	Comisión de Planeamiento y Coordinación del Área Metropolitana de Madrid
COPYME	Confederación de la Pequeña y Mediana Empresa
COREN	Cooperativas Orensanas
COU	Curso de Orientación Universitaria
CPI	Centros Públicos de Investigación
CPME	Confederación de Pequeñas y Medianas Empresas
CPNL	Consorci per la Normalització Lingüística (C)
CPR	Centro Provincial de Reclutamiento
CRAE	Coordinadora de Representantes de Asociaciones de Estudiantes
CRM	Certificado de Regulación Monetaria
CS	Ciencias Sociales
CSB	Consejo Superior Bancario
CSC	Convergència Socialista de Catalunya (C)
CSCE	Conferencia sobre Seguridad y Cooperación en Europa
CSI	Corporación de la Siderurgia Integral
CSIC	Consejo Superior de Investigaciones Científicas
CSIF	Confederación de Sindicatos Independientes de Funcionarios
CSJM	Consejo Supremo de Justicia Militar
CSN	Consejo de Seguridad Nuclear
CSP	Cuerpo Superior de Policía
CSPM	Consejo Superior de Protección de Menores
CTL	Centro de Tecnología Láser
CTNE	Compañía Telefónica Nacional de España
CUOTA	Comisión de Urbanismo del Territorio de Asturias
CV	Ciencias de la Vida
DDC	Didesoxicitidina
DDT	Diclorodifeniltricloroetano
DECT	Teléfonos Digitales sin Hilos
DEG	Derechos Especiales de Giro
DGIAA	Dirección General de Industrias Agrarias y Alimentarias
DGICA	Dirección General de Investigación y Capacitación Agrarias
DGOH	Dirección General de Obras Hidráulicas
DGP	Dirección General de la Policía
DGPA	Dirección General de la Producción Agraria
DGPE	Dirección General del Patrimonio del Estado

121

Acronyms and abbreviations

DGT	Dirección General de Transporte
DGTE	Dirección General de Transacciones Exteriores
DGT	Dirección General de Tráfico
DINA	Dirección de Inteligencia Nacional (Chile)
DIU	Dispositivo Intrauterino
DNI	Documento Nacional de Identidad
DOG	Diari Oficial de la Generalitat (C)
DOMUND	Domingo Mundial de la Propagación de la Fe
DRAE	Diccionario de la Real Academia Española
DRISDE	Dirección de Relaciones Informativas y Sociales de la Defensa
DSE	Dirección de la Seguridad del Estado
DUCPRA	Detallistas Unidos de Cooperativas para el Ramo de la Alimentación
DYA	Detente y Ayuda
EA	Eusko Alkartasuna (B) (Solidaridad Vasca)
EAJ	Eusko Alderdi Jeltzalea (B) (Partido Nacionalista Vasco - PNV)
EAU	Emiratos Árabes Unidos
EBB	Euskadi Buru Batzar (B) (Consejo Nacional del PNV)
EC	Esquerra de Catalunya (C)
ECEMC	Estudio Colaborativo Español de Malformaciones Congénitas
EEE	Espacio Económico Europeo
EE UU	Estados Unidos de América
EG	Esquerda Galega (G)
EGB	Enseñanza General Básica
EGI	Eusko Gaztedi (B) (Jóvenes de Euskadi)
EGM	Estudio General de Medios
EIA	Euskal Iraultzarako Alderdia (B) (Partido para la Revolución Vasca)
ELA-STV	Eusko Langile Alkartasuna (B) (Solidaridad de Trabajadores Vascos)
E/LE	Español como Lengua Extranjera
EMK-MCE	Euskal Mugimendu Komunista (B) (Movimiento Comunista de Euskadi)
EMP	Empresa Nacional de Petróleos, Sociedad Anónima
EMT	Empresa Municipal de Transportes
ENA	Escuela Nacional de Aeronáutica
ENA	Empresa Nacional de Artesanía
ENAGAS	Empresa Nacional del Gas
ENASA	Empresa Nacional de Autocamiones, Sociedad Anónima
ENCASO	Empresa Nacional Calvo Sotelo de Combustibles Líquidos y Lubricantes, Sociedad Anónima
ENCASUR	Empresa Nacional Carbonífera del Sur, Sociedad Anónima
ENDASA	Empresa Nacional del Aluminio, Sociedad Anónima
ENDESA	Empresa Nacional de Electricidad, Sociedad Anónima
ENDIASA	Empresa Nacional para el Desarrollo de la Industria Alimentaria, Sociedad Anónima

ENESA	Empresa Nacional de Seguros Agrarios
ENFERSA	Empresa Nacional de Fertilizantes, Sociedad Anónima
ENHER	Empresa Nacional Hidroeléctrica del Ribagorzano, Sociedad Anónima
ENICRES	Entidades Nacionales de Inspección y Control Reglamentario
ENIEPSA	Empresa Nacional de Investigaciones, Exploraciones y Prospecciones, Sociedad Anónima
ENP	Empresa Nacional del Petróleo
ENPENSA	Empresa Nacional de Petróleos de Navarra, Sociedad Anónima
ENPETROL	Empresa Nacional de Petróleos
ENRESA	Empresa Nacional de Residuos Radioactivos
ENS	Escuela Nacional de Sanidad
ENSIDESA	Empresa Nacional Siderúrgica, Sociedad Anónima
ENTEL	Empresa Nacional de Telecomunicaciones
EP	Europa Press
EPA	Encuesta de la Población Activa
ENV	Esquerra Nacionalista Valenciana (C)
EPF	Encuesta de Presupuestos Familiares
EPK-PCE	Euskadiko Partidu Komunista (B) (Partido Comunista de Euskadi)
ERC	Esquerra Republicana de Catalunya (C)
ERT	Explosivos Río Tinto
ESADE	Escuela Superior de Administración y Dirección de Empresas
ESCA	Escuela Superior de Cajas de Ahorro
ESO	Educación Secundaria Obligatoria
ETA	Euskadi ta Askatasuna (B) (País Vasco y Libertad)
ETB	Euskal Telebista (B) (Televisión Autonómica Vasca)
ETS	Escuelas Técnicas Superiores
EXBANK	Banco de Expansión Industrial
EuE	Euskal Ezkerra (B) (Izquierda Vasca)
EUROVISIÓN	Unión Europea de Radiodifusión
EUTI	Escola Universitària de Traductors i Intèrprets (C)
EXPOTUR	Exposición de Recursos Turísticos Españoles
FAC	Front d'Alliberament Català (C)
FACA	Futuro avión de combate y ataque
FAD	Fondos de Ayuda al Desarrollo
FAD	Federación de Ayuda al Drogadicto
FADSP	Federación de Asociaciones para la Defensa de la Salud Pública
FAI	Federación Anarquista Ibérica
FAMET	Fuerzas Aeromóviles del Ejército de Tierra
FAPAS	Fondo Asturiano de Protección de Animales Salvajes
FAT	Federación de Amigos de la Tierra
FCI	Fondo de Compensación Interterritorial
FDC	Federación Democristiana
FDC	Front Democràtic Català (C)
FE	Falange Española

Acronyms and abbreviations

FE-JONS	Falange Española de las Juntas Ofensivas Nacional Sindicalistas
FEACU	Federación Española de Amas de Casa
FECONTRANS	Federación de Cooperativas Andaluzas de Transporte
FECSA	Fuerzas Eléctricas de Cataluña, Sociedad Anónima
FED	Fondo Europeo de Desarrollo
FEDER	Fondo Europeo de Desarrollo Regional
FEMP	Federación Española de Municipios y Provincias
FENOSA	Fuerzas Eléctricas del Noroeste, Sociedad Anónima
FEOGA	Fondo Europeo de Orientación y Garantía Agrícolas
FEPMA	Fundación para la Ecología y la Protección del Medio Ambiente
FERE	Federación Española de Religiosos de la Enseñanza
FEUZ	Fundación Empresa-Universidad de Zaragoza
FEVE	Ferrocarriles Españoles de Vía Estrecha
FF AA	Fuerzas Armadas
FFCECAM	Fundación para la Formación y Creación Escénica de la Comunidad de Madrid
FF NN	Fuerzas Navales
FIBA	Federación Internacional de Baloncesto
FIEP	Federación Internacional de Editores de Periódicos
FIES	Fichero de Internos de Especial Seguridad
FIP	Federación Internacional de Periodistas
FISL	Federación Internacional de Sindicatos Libres
FITC	Federación Internacional de Trabajadores de Crédito
FJCR	Federación de Juventudes Comunistas Revolucionarias
FM	Frecuencia Modulada
FMI	Fondo Monetario Internacional
FMP	Federación de Mujeres Progresistas
FN	Frente Nacional
FNC	Front Nacional de Catalunya (C)
FNMT	Fábrica Nacional de Moneda y Timbre
FONAS	Fondo Nacional de Asistencia Social
FOP	Fuerzas de Orden Público
FORPPA	Fondo de Ordenación y Regulación de Precios y Productos Agrícolas
FP	Formación Profesional
FSE	Fondo Social Europeo
FORTA	Federación de Organismos de Radio y Televisión Autonómicos
FPG	Frente Popular Galego (G)
FSE	Fondo Social Europeo
FSM	Federación Socialista Madrileña
GAL	Grupos Antiterroristas de Liberación
GAR	Grupo Antiterrorista Rural
GEO	Grupo Especial de Operaciones del Cuerpo Nacional de Policía
GOA	Grupo de Opinión Andaluza
GOE	Grupo de Operaciones Especiales
GRAPO	Grupos de Resistencia Antifascista Primero de Octubre

124

GRUMA	Grupo Madrileño de Abastecimiento
GRUMECO	Caja de Crédito Cooperativo
HB	Herri Batasuna (B) (Unidad Popular)
HOAC	Hermandad Obrera de Acción Católica
HUNOSA	Hulleras del Norte, Sociedad Anónima
HYTASA	Hilaturas y Tejidos Andaluces, Sociedad Anónima
IAA	Instituto Astrofísico de Andalucía
IARA	Instituto Andaluz de Reforma Agraria
IB	Instituto de Bachillerato
IB	Iberia. Líneas Aéreas de España
IBERCORP	Iberia Corporación
IC	Iniciativa per Catalunya (C)
ICAA	Instituto de Cinematografía y de las Artes Audiovisuales
ICADE	Instituto Católico de Alta Dirección de Empresas
ICAI	Instituto Católico de Artes e Industrias
ICEA	Investigación Cooperativa entre Entidades Aseguradoras
ICE	Instituto de Ciencias de la Educación
ICEX	Instituto de Comercio Exterior
ICI	Instituto de Cooperación Iberoamericana
ICJCE	Instituto de Censores Jurados de Cuentas de España
ICO	Instituto de Crédito Oficial
ICONA	Instituto Nacional para la Conservación de la Naturaleza
IDAE	Instituto para la Diversificación y el Ahorro Eléctrico
IDN	Iniciativa Democràtica Nacional (C) (Andorra)
IEC	Institut d'Estudis Catalans (C)
IEE	Instituto Español de Emigración
IEE	Instituto de Estudios Económicos
IERE	Iglesia Española Reformada Episcopal
IESE	Instituto de Estudios Superiores de la Empresa
IFEMA	Feria Internacional de Madrid
IGAE	Intervención General de la Administración del Estado
IGME	Instituto Geográfico y Minero de España
IGN	Instituto Geográfico Nacional
IITM	Instituto Internacional del Teatro del Mediterráneo
IMAC	Instituto de Mediación, Arbitraje y Conciliación
IME	Instituto Monetario Europeo
IMEC	Instrucción Militar de la Escala de Complemento
IMPE	Instituto de la Mediana y Pequeña Empresa
IMPI	Instituto de la Mediana y Pequeña Industria
IMPIEL	Industrias Mediterráneas de la Piel, Sociedad Anónima
INAP	Instituto Nacional de la Administración Pública
INAPE	Instituto Nacional de Asistencia y Promoción del Estudiante
INAS	Instituto Nacional de la Asistencia Social
INC	Instituto Nacional de Consumo
INDO	Instituto Nacional para la Denominación de Origen
INDUBÁN	Banco de Financiación Industrial
INE	Instituto Nacional de Estadística
INEF	Instituto Nacional de Educación Física
INEM	Instituto Nacional de Empleo

Acronyms and abbreviations

INH	Instituto Nacional de Hidrocarburos
INI	Instituto Nacional de Industria
INIT	Instituto Nacional de Ingenieros Técnicos
INLE	Instituto Nacional del Libro Español
INM	Instituto Nacional de Meteorología
INME	Instituto Nacional de Moneda Extranjera
INSALUD	Instituto Nacional de la Salud
INSERSO	Instituto Nacional de Servicios Sociales
INSS	Instituto Nacional de la Seguridad Social
INTA	Instituto Nacional de Técnicas Aeroespaciales
INVEMA	Asociación de Investigación Industrial Máquina-herramienta
IOBA	Instituto de Oftamo-Biología Aplicada
IORTV	Instituto Oficial de Radiodifusión y Televisión
IPC	Índice de Precios al Consumo
IPI	Índice de Producción Industrial
IPPV	Instituto para la Promoción Pública de la Vivienda
IRA	Instituto de Relaciones Agrarias
IRES	Instituto de Reinserción Social
IRPF	Impuesto sobre la Renta de las Personas Físicas
IRTP	Impuesto sobre el Rendimiento del Trabajo Personal
IRYDA	Instituto para la Reforma y el Desarrollo Agrario
ISFAS	Instituto Social de las Fuerzas Armadas
ITE	Impuesto de Tráfico de Empresas
ITEGMA	Instituto de Tecnología y Gestión Medioambiental
ITEMA	Instituto de Tecnología y Modelización Ambiental
ITGE	Instituto Tecnológico Geominero de España
ITI	Instituto de Investigación y Desarrollo Tecnológico e Industrial
ITIDA	Instituto de Electrónica en el Ámbito Agrario
ITV	Inspección Técnica de Vehículos
ITV	Inspección Técnica de Viviendas
IU	Izquierda Unida
IVA	Impuesto sobre el Valor Añadido
IVAM	Instituto Valenciano de Arte Moderno
JEMAD	Jefe del Estado Mayor de la Defensa
JEN	Junta de Energía Nuclear
JJ OO	Juegos Olímpicos
JJ PP	Juegos Paralímpicos
JOC	Juventud Obrera Cristiana
JUJEM	Junta de Jefes de Estado Mayor
KAS	Koordinadora Abertzale Sozialista (B) (Coordinadora Abertzale Socialista)
LAB	Langile Abertzaleen Batzordea (B) (Asamblea de Trabajadores Abertzales)
LAU	Ley de Arrendamientos Urbanos
LC	Liga Comunista
LC	Lliga Catalana (C)
LCR	Liga Comunista Revolucionaria
LEC	Ley de Enjuiciamiento

126

LFP	Liga de Fútbol Profesional
LKI	Liga Komunista Iraultzailea (B)
	(Liga Comunista Revolucionaria)
LOAPA	Ley Orgánica de Armonización del Proceso Autonómico
LOC	Ley de Objeción de Conciencia
LODE	Ley Orgánica del Derecho a la Educación
LOFCA	Ley Orgánica de Financiación de las Comunidades Autónomas
LOGSE	Ley Orgánica de Ordenación General del Sistema Educativo
LOLS	Ley Orgánica de Libertad Sindical
LRBRL	Ley Reguladora de las Bases de Régimen Local
LRU	Ley de Reforma Universitaria
LSD	Dietilamida del ácido lisérgico
LUCDEME	Lucha contra la Desertización en el Mediterráneo
MACAN	Mando Aéreo de Canarias
MACB	Museu d'Art Contemporani de Barcelona (C)
MACOM	Mando Aéreo de Combate
MAE	Ministerio de Asuntos Exteriores
MATAC	Mando Aéreo Táctico
MATESA	Maquinaria Textil del Norte de España, Sociedad Anónima
MATRA	Mando Aéreo de Transporte
MAYASA	Minas de Almadén y Arrayanes, Sociedad Anónima
MC	Movimiento Comunista
MC	Mercado Común
MCE	Movimiento Comunista de España
MDMA	Metilendioximentanfetamina
MDT	Moviment de Defensa de la Terra (C)
MEC	Ministerio de Educación y Ciencia
MEFF	Mercado Español de Futuros Financieros
MERCASA	Mercados Centrales de Abastecimientos, Sociedad Anónima
MERCORSA	Mercados en Origen de Productos Agrarios, Sociedad Anónima
MIDEM	Mercado Internacional del Disco y de la Edición Musical
MIFAS	Minusválidos Físicos Asociados
MIR	Médico Interno y Residente
MLNV	Movimiento de Liberación Nacional Vasco
MNAC	Museu Nacional d'Art de Catalunya (C)
MOC	Movimiento de Objetores de Conciencia
MOMA	Museo de Arte Moderno de Nueva York
MOPTMA	Ministerio de Obras Públicas, Transportes y Medio Ambiente
MOSOBA	Movimiento Socialista Balear
MPAIAC	Movimiento para la Autodeterminación y la Independencia del Archipiélago Canario
MPDL	Movimiento por la Paz, el Desarme y la Libertad
MSB	Movimiento Socialista Balear
MUFACE	Mutualidad General de Funcionarios Civiles del Estado

127

Acronyms and abbreviations

MUNPAL	Mutualidad Nacional de Previsión de la Administración Local
MUSINI	Mutualidad de Seguros del Instituto Nacional de Industria
ND	Nova Democràcia (Andorra) (C)
NE	Nacionalistes d'Esquerra (C)
OACI	Organización de la Aviación Civil Internacional
OCB	Obra Cultural Balear (C)
OCDE	Organización para la Cooperación y el Desarrollo Económico
OCGE	Oficina de Cooperación con Guinea Ecuatorial
OCIC	Oficina Católica Internacional del Cine
OCU	Organización de Consumidores y Usuarios
OEA	Organización de Estados Americanos
OECOM	Organización Española para la Coeducación Matemática
OEMA	Organización Europea de Medio Ambiente
OICI	Organización Iberoamericana de Cooperación Intermunicipal
OID	Oficina de Información Diplomática
OIRT	Organización Internacional de Radiofusión y Televisión
OIT	Organización Internacional del Trabajo
OJD	Oficina de la Justificación de la Difusión
OLP	Organización para la Liberación de Palestina
OMC	Organización Mundial del Comercio
OMI	Organización Marítima Internacional
OMM	Organización Meteorológica Mundial
OMS	Organización Mundial de la Salud
OMT	Organización Mundial de Turismo
ONCE	Organización Nacional de Ciegos Españoles
ONGs	Organizaciones no gubernamentales
ONU	Organización de las Naciones Unidas
ONUCA	Organización de Naciones Unidas para Centro América
ONUSAL	Organización de Naciones Unidas para El Salvador
OP	Obras Públicas
OPA	Oferta pública de adquisición (de acciones)
OPAEP	Organización de Países Árabes Exportadores de Petróleo
OPEP	Organización de los Países Exportadores de Petróleo
ORA	Operación de Regulación de Aparcamiento
OTAN	Organización del Tratado del Atlántico Norte
OTI	Organización de Televisiones Autonómicas
OTRI	Oficinas de Transferencia de Resultados de Investigación
OTT	Oficina de Transferencia de Tecnología
OUA	Organización para la Unidad Africana
OVNI/ovni	Objeto volante no identificado
PA	Partido Andalucista
PAC	Política Agrícola Común
PAC	Política Agraria Comunitaria
PAIF	Programas de Actuación, Inversiones y Financiación
PAN	Partido de Acción Nacional

PAR	Partido Aragonés
PASD	Partido Andaluz Social Demócrata
PASOC	Partido de Acción Socialista
PCA	Partido Comunista de Andalucía
PCA	Partido Comunista de Aragón
PCA	Partido Comunista de Asturias
PCC	Partit dels Comunistes de Catalunya (C)
PCC	Partido Comunista de Cantabria
PCC	Partido Comunista de Canarias
PCE	Partido Comunista de España
PCEi	Partido Comunista de España Internacional
PCEml	Partido Comunista de España Marxista-Leninista
PCEr	Partido Comunista de España Reconstituido
PCEu	Partido Comunista de España Unificado
PCG	Partido Comunista Gallego
PCOE	Partido Comunista Obrero Español
PCPE	Partido Comunista de los Pueblos de España
PDI	Plan Director de Infraestructuras
PDL	Partido Demócrata Liberal
PDP	Partido Demócrata Popular
PDR	Programa de Desarrollo Regional
PEIN	Plan de Espacios de Interés Natural
PEMEX	Petróleos Mexicanos
PEN	Plan Energético Nacional
penene	Profesor no numerario
P.E.P.A.	Plan de Educación Permanente de Adultos
'pepé'	Partido Popular
PER	Plan de Empleo Rural
PETRI	Programa de Estímulo a la Transferencia de Resultados de Investigación
PETROLÍBER	Compañía Ibérica Refinadora de Petróleos, Sociedad Anónima
PGOU	Plan General de Ordenación Urbana
PHN	Plan Hidrológico Nacional
PIB	Producto Interior Bruto
PIE	Participación en los Ingresos del Estado
PIL	Partido de Independientes de Lanzarote
PM	Policía Militar
PNB	Producto Nacional Bruto
PNCI	Plan Nacional de Calidad Industrial
PNN	Producto Nacional Neto
PNN	Profesor no numerario
PNSD	Plan Nacional sobre Drogas
PNUD	Programa de Naciones Unidas para el Desarrollo
PNUMA	Programa de las Naciones Unidas para el Medio Ambiente
PNV	Partido Nacionalista Vasco
POUM	Partit Obrer d'Unificació Marxista (C)
PP	Partido Popular
PPC	Partit Popular de Catalunya (C)

Acronyms and abbreviations

PPE	Partido Popular Europeo
PRD	Partido de la Revolución Democrática
PRI	Partido Revolucionario Institucional (México)
PROAS	Productos Asfálticos, Sociedad Anónima
PROPOM	Programa de Ordenación y Promoción de la Montaña
PSC	Partit dels Socialistes de Catalunya (C)
PSE	Partido Socialista de Euskadi
PSG-EG	Partido Socialista Galego-Esquerda Galega (G)
PSOE	Partido Socialista Obrero Español
PSPV	Partit Socialista del País Valencià (C)
PSPV-PSOE	Partit Socialista del País Valencià (C) - Partido Socialista Obrero Español
PSS	Prestación Social Sustitutoria
PST	Partido Socialista de los Trabajadores
PSUC	Partit Socialista Unificat de Catalunya (C)
PTC	Partit del Treball de Catalunya (C)
PTE	Partido de los Trabajadores de España
PTF	Plan de Transporte Ferroviario
PVP	Precio de Venta al Público
PYME/pyme	Pequeña y Mediana Empresa
PYMECO	Pequeña y Mediana Empresa Comercial
RACE	Real Automóvil Club de España
RAE	Real Academia Española
R.D.	Real Decreto
REA	Registro de Economistas Auditores
Redia	Red de Itinerarios Asfálticos
REE	Red Eléctrica de España
RELE	Red Española de Laboratorios de Ensayos
REM	Reforma de las Enseñanzas Medias
REMASA	Remolques Marítimos, Sociedad Anónima
RENFE	Red Nacional de los Ferrocarriles Españoles
REPESA	Refinería de Petróleos de Escombreras, Sociedad Anónima
RETEVISIÓN	Ente Público de la Red Técnica Española de Televisión
RIGE	Red de Interés General del Estado
RNE	Radio Nacional de España
RTVE	Radio-Televisión Española
S.A.	Sociedad Anónima
SADEI	Sociedad Asturiana de Estudios Económicos e Industriales
SAE	Sistema de Ayuda a la Explotación
SAI	Servicio de Apoyo a la Investigación
SAR	Servicio Aéreo de Rescate
SDF	Sin domicilio fijo
SEAT	Sociedad Española de Automóviles de Turismo
SECEGSA	Sociedad Española de Estudios para la Comunicación Fija a través del Estrecho de Gibraltar, Sociedad Anónima
SECOINSA	Sociedad Española de Comunicaciones e Informática, Sociedad Anónima

130

SEM	Servicio Español de Magisterio
SENPA	Servicio Nacional de Productos Agrarios
SEOPAN	Asociación de Empresas de Obras Públicas de Ámbito Nacional
SEPLA	Sindicato Español de Pilotos de Líneas Aéreas
SER	Sociedad Española de Radiodifusión
SERCOBE	Servicio Técnico Comercial de Construcciones de Bienes de Equipo
SGAE	Sociedad General de Autores de España
SIAIN	Servicio Informático de Apoyo a la Investigación
SID	Servicio de Informaciones de la Defensa
SIDA/sida	Síndrome de inmunodeficiencia adquirida
SIMEX	Sociedad de Inversiones Mobiliarios en el Exterior
SIMO	Feria de Muestras Monográfica Internacional del Equipo de Oficina y de la Informática
SJ	Societatis Jesus (Compañía de Jesús)
SL	Sociedad Limitada
SLMM	Sindicato Libre de la Marina Mercante
S.M.	Su Majestad
SME	Sistema Monetario Europeo
SMI	Salario Mínimo Interprofesional
SMI	Sistema Monetario Internacional
SMMD	Sociedades Mediadoras en el Mercado de Dinero
SNS	Sistema Nacional de Salud
SOC	Sindicato de Obreros del Campo
SOC	Sindicato Obrero Canario
SOC	Solidaritat d'Obrers de Catalunya (C)
SODIAN	Sociedad de Desarrollo Industrial de Andalucía
SODIAR	Sociedad de Desarrollo Industrial de Aragón
SODICAL	Sociedad de Desarrollo Industrial de Castilla y León
SODICAMAN	Sociedad de Desarrollo Industrial de Castilla-La Mancha
SODICAN	Sociedad de Desarrollo Industrial de Canarias
SODIEX	Sociedad de Desarrollo Industrial de Extremadura
SODIGA	Sociedad para el Desarrollo de Galicia, Sociedad Anónima
SONIMAG	Sonido e imagen
SOVI	Seguro Obligatorio de Vejez e Invalidez
SPP	Sindicato Profesional de Policía
STE	Sindicato de Trabajadores de la Enseñanza
STV	Solidaridad de Trabajadores Vascos
SUP	Sindicato Unificado de Policía
SVA	Servicio de Vigilancia Aduanera
TALGO	Tren Articulado Ligero Goicoechea-Oriol
TBC	Tren de bandas en caliente
TC	Tribunal Constitucional
TEDEX	Técnicos en Desactivación de Explosivos
TELAM	Telenoticias Americanas
TER	Tren Español Rápido
TGV	Tren de Gran Velocidad
TIR	Transporte Internacional por Carretera
TLC	Tratado de Libre Comercio

Acronyms and abbreviations

TMB	Transportes Metropolitanos de Barcelona
TNT	Trinitrotolueno
TRAGSA	Empresa de Transformación Agraria, Sociedad Anónima
TS	Tribunal Supremo
TSJ	Tribunal Superior de Justicia
TVE	Televisión Española
TV3	Televisión Autonómica Catalana
UA	Unión Alavesa
UAB	Universitat Autònoma de Barcelona (C)
UAC	Universidad de La Coruña
UAGA	Unión de Agricultores y Ganaderos
UB	Universitat de Barcelona (C)
UCA	Universidad de Cádiz
UCD	Unión de Centro Democrático
UCE	Universitat Catalana d'Estiu (C)
UCE	Unión de Consumidores de España
UCI	Unidad de Cuidados Intensivos
UCIEE	Unión de Confederaciones de Industria y Empleadores de Europa
UCIFA	Unidad Central de Investigación Fiscal y Antidroga
UDA	Unión de Detallistas de Alimentación
UDE	Unión de Estudiantes
UdG	Universitat de Girona (C)
UE	Unión Europea
UEM	Unión Económica y Monetaria
UEO	Unión Europea Occidental
UEX	Universidad de Extremadura
UGT	Unión General de Trabajadores
UIA	Unión Internacional de Abogados
UIB	Universitat de les Illes Balears (C)
UICN	Unión Internacional para la Conservación de la Naturaleza
UIMP	Universidad Internacional Menéndez Pelayo
UIT	Unión Internacional para las Telecomunicaciones
UJI	Unión Judicial Independiente
UM	Unión Monetaria
UNACO	Unión Nacional de Cooperativas del Campo
UNED	Universidad de Educación a Distancia
UNESA	Unidad Eléctrica, Sociedad Anónima
UNESPA	Unión Española de Entidades Aseguradoras, Reaseguradoras y de Capitalización
UNIDE	Unión de Detallistas Españoles
UNINSA	Unión de Siderúrgicas Asturianas, Sociedad Anónima
UP	Unió de Pagesos (C)
UP	Unidad Progresista
UPA	Unión de Pequeños Agricultores
UPE	Unión Parlamentaria Europea
UPF	Universitat Pompeu Fabra (C)
UPG	Unión do Pobo Galego (G)
UPN	Unión del Pueblo Navarro

UPU	Unión Postal Universal
UPV	Universitat Politècnica de València (C)
UPV/EHU	Universidad del País Vasco/Euskal Herriko Unibertsitatea (B)
URV	Universitat Rovira i Virgili (C)
USO	Unión Sindical Obrera
USP	Unión Sindical de Policía
UTECO	Unión Territorial de Cooperativas
UVA	Unidad Vecinal de Absorción
UVI	Unidad de Vigilancia Intensiva
VEGAP	Visual Entidad de Gestión de Artistas Plásticos
VEZ	(*fam*) Coche de Emisión 'Zero'
VIASA	Venezolana Internacional de Aviación, Sociedad Anónima
VIH	Virus de la inmunodeficiencia humana
ZURS	Zonas de Urgente Reindustrialización

eBooks by Nora Roberts

Nora Roberts also writes the In Death series
using the pseudonym J. D. Robb